AF309528

FONDATION

DE

La Colonie du Raincy

PAR

Louis AIGOIN

PÉRIODES ANTÉRIEURES

A L'ÉRECTION DU PARC EN COMMUNE

(1854-1869)

PONTOISE

SOCIÉTÉ HISTORIQUE DU VEXIN

1907

Publications de la Société historique du Vexin

FONDATION

DE

La Colonie du Raincy

PAR

Louis AIGOIN

PÉRIODES ANTÉRIEURES

A L'ÉRECTION DU PARC EN COMMUNE

(1854-1869)

PONTOISE

SOCIÉTÉ HISTORIQUE DU VEXIN

1907

Fondation

DE

La Colonie du Raincy

AVANT-PROPOS

Si l'on voulait écrire l'histoire du Raincy, il faudrait remonter à une époque fort reculée.Nous avons d'autant moins le dessein d'entreprendre ce travail, qu'il a été déjà fait, sauf en ce qui concerne le dernier demi-siècle.Il existe notamment deux intéressantes brochures publiées, l'une en 1864, par Charles Beauquier et Jules Tarby : *Notice historique et pittoresque du Raincy*, et l'autre en 1884, par Charles Chavard et Octave Stemler : *Recherches sur le Raincy*.Dans la première de ces brochures, l'histoire du Raincy va jusqu'à l'époque des ventes faites par l'Etat, en 1854 et 1855 ; la seconde s'arrête à la révolution de 1848.

Le but que nous nous proposons est beaucoup plus modeste. Nous ne nous occuperons que d'une période assez récente et fort courte, allant du 1er janvier 1854,date où le Raincy n'était encore qu'un parc inhabité, jusqu'au 20 mai 1869, date de son érection en commune.

La transformation qui s'est opérée dans cet espace de quinze années environ, et dont nous allons retracer les phases, peut elle-même se subdiviser en trois périodes distinctes :

La première comprend la vente du parc de Raincy par l'Etat et la revente en détail par la Compagnie foncière du Raincy (1854-1859);

La seconde, la gestion de tous les intérêts communs par la Commission syndicale des acquéreurs de la Compagnie foncière (1859-1861);

Et la troisième, la gestion de ces mêmes intérêts par des administrateurs judiciaires, substitués, en droit, à la Commission syndicale, mais agissant, en fait, de concert avec elle, jusqu'au jour de l'érection du parc en commune (1861-1869).

A l'expiration de cette troisième période, la colonie du Raincy était bien définitivement fondée. Elle était, dès lors, assurée d'un développement que les pouvoirs publics devaient faciliter, en faisant du Raincy, d'abord une commune, le 20 mai 1869, et ensuite un chef-lieu de canton, le 7 avril 1882.

J'ai été le témoin, à l'origine, de cette fondation, tant comme actionnaire de la Compagnie foncière, que comme l'un des premiers acquéreurs des immeubles vendus par elle. J'y ai même activement concouru, en qualité de président du syndicat formé entre ces acquéreurs, le 17 juillet 1859, en vue de sauvegarder leurs intérêts communs, après la dissolution de la Compagnie foncière.

C'est à la demande de quelques-uns de mes collègues du Conseil d'administration de la *Société historique et archéologique de Pontoise et du Vexin*, que je vais rappeler les phases de cette transformation. Mon travail sera, en quelque sorte, la suite des études historiques dont il vient d'être parlé.

Il y a lieu toutefois de rappeler préalablement, dans une esquisse rétrospective très succinte, comment le Raincy était devenu, en 1852, la propriété de l'Etat.

Sous l'ancienne monarchie, cette belle propriété avait appartenu à la famille d'Orléans, comme la forêt de Bondy, et, en dernier lieu, à Louis-Philippe-Joseph d'Orléans, dit Philippe-Egalité. Elle avait été confisquée à sa mort, pendant la première République, puis vendue par l'Etat. Après avoir passé dans les mains de propriétaires successifs elle était redevenue propriété domaniale.

En vertu d'une loi du 16 juin 1819, l'Administration des Domaines avait cédé le Raincy, par un acte notarié du 28 mars 1820, à Louis-Philippe d'Orléans et à Mlle Adélaïde, sa sœur, héritiers bénéficiaires de Philippe-Egalité, en payement d'une indemnité due par l'Etat pour l'expropriation d'un autre immeuble. Cette propriété avait ensuite été attribuée exclusivement à Louis-Philippe, aux termes d'un acte de partage sous signatures privées, fait double à Paris, au Palais-Royal, le 25 juin 1825, enregistré le 6 août 1830.

Enfin ce prince, dont la révolution de 1830 avait fait un roi, un roi-citoyen, comme on disait alors, avait donné le domaine du Raincy, avec ses autres biens, à ses nombreux enfants, l'aîné excepté, aux termes d'un acte notarié passé le 7 août, le jour même où les deux Chambres le proclamaient roi des Français, sous le nom de Louis-Philippe.

Il était autrefois de principe que tous les biens appartenant aux princes, lors de leur avènement au trône, étaient réunis de plein droit au domaine de la couronne. La validité de la donation faite par Louis-Philippe pouvait donc paraître contestable. Néanmoins elle ne fut pas attaquée sous son règne par les pouvoirs publics. Il n'existait plus le vieux Parlement qui, notamment par un arrêt du 15 juillet 1591, avait refusé d'enregistrer un acte de ce genre.

Mais, après la chute de Louis-Philippe, le prince Louis Napoléon Bonaparte, devenu Président de la République, décréta, le 22 janvier 1852, en invoquant les principes de l'ancien droit, que les biens, meubles et immeubles, indûment donnés, seraient restitués à l'Etat et vendus à la diligence de l'Administration des Domaines, pour le produit en être réparti de la manière indiquée au décret (voir *Bulletin des Lois*, X^e série, volume 9, page 93). Cette administration dut, en conséquence, la mettre en adjudication.

PREMIÈRE PÉRIODE

Compagnie Foncière (1854-1859).

CHAPITRE PREMIER

VENTE DU RAINCY PAR L'ÉTAT

Le domaine du Raincy, restitué à l'Etat, comprenait un beau parc de 228 hectares, entièrement clos de murs, planté d'arbres magnifiques et situé à 14 kilomètres de Paris. Sa proximité de la capitale et sa remarquable situation, moitié dans la plaine et le reste sur un côteau, d'où l'on jouissait d'une vue charmante, devaient en faciliter le morcellement.

Ce parc était pour ainsi dire inhabité. Dans quelques rares bâtiments formant les dépendances d'un grand château détruit à la suite de la première Révolution, puis reconstruit et démoli de nouveau, se trouvaient seulement logés le régisseur, les gardiens des grilles et les employés préposés à la culture et à l'entretien de la propriété. D'autres bâtiments avaient des destinations spéciales, tels que la ferme, les écuries anglaises, le chenil, l'orangerie, sans compter la maison de l'horloge et les maisons russes.

Quant au parc, il était sillonné d'allées étroites et sinueuses, parfaitement appropriées à la destination d'une habitation de plaisance, mais tout à fait insuffisantes pour une nombreuse agglomération d'habitants et pour la circulation dans la ville qui devait s'y élever un jour.

L'Administration des Domaines, étrangère aux spéculations proprement dites, n'avait pas prévu l'avenir du Raincy, et n'avait pas compris la nécessité d'y établir, avant tout, de larges voies de communication, alignées de manière à faciliter les constructions. Dans le cahier des charges réglant les conditions de l'aliénation, elle avait même commis l'imprudence d'accorder à chaque adjudicataire la *copropriété* de toutes les allées du parc, ce qui devait empêcher plus tard d'y apporter la moindre modification.

Elle ne s'était pas préoccupée, non plus, d'assurer le service des eaux, et s'était bornée à en attribuer également la copropriété à tous les acquéreurs, ce qui devait être, un jour, la la source de procès entre eux.

D'un autre côté, au lieu d'opérer un morcellement complet, qui aurait peut-être retardé l'achèvement de l'opération, mais l'aurait certainement rendue plus fructueuse, elle s'était contentée de faire du parc une vingtaine de lots, d'une contenance considérable chacun, — plus de onze hectares en moyenne — ce qui devait diminuer sensiblement le taux des prix à obtenir.

Enfin, elle avait eu le tort, alors que le chemin de fer de l'Est longeait le parc, de ne tenter aucune démarche en vue de la création d'une station destinée à mettre le Raincy en communication directe avec Paris. Les voyageurs étaient obligés de descendre à la gare de Bondy, dont le nom seul était un épouvantail, et d'avoir recours à un insuffisant service d'omnibus. Une gare spéciale aurait certainement donné aux terrains à vendre une plus-value immédiate, et, pour la faire établir, l'État aurait eu plus de facilités qu'un simple particulier.

Une première tentative d'adjudication eut lieu à la Préfecture de Versailles, le 27 septembre 1854. Deux lots seulement sur vingt furent adjugés : l'un, comprenant une maison, un terrain et une mare, d'une contenance de 92 ares, à M. Claude-Joseph Choisy, pour le prix de 9.400 francs ; l'autre, uniquement composé d'un terrain de 1 ha. 28 a. 60 c., à M. Abraham Tisserand, pour le prix de 9.100 francs ; soit, au total, 18.500 francs, pour 22.060 mètres de terrains *en partie bâtis*.

La modicité de ces prix détermina l'Administration des Domaines à ajourner la vente des autres lots.

Il était aisé de comprendre tous les avantages que l'on pourrait tirer d'une opération mieux conçue. C'est alors qu'on vit surgir un homme d'affaires actif, intelligent, qui n'était rien moins que capitaliste, mais qui avait un ardent désir de le devenir. Il se nommait Delion. A l'affût de toutes les bonnes occasions, il avait jeté les yeux sur le parc du Raincy, dont les terrains avaient une valeur considérable. Il s'était dit que l'Administration des Domaines, après son insuccès, ne pouvait avoir des prétentions bien ambitieuses. Il avait flairé là une excellente affaire et s'était aussitôt mis en quête de capitalistes disposés à l'opérer. Ces capitalistes furent MM. Louis-Henri-Léopold Lebaron, Louis-Désiré Dubuisson aîné, Roland-François Dubuisson jeune et Jules-Michel Delécluze.

Faisant miroiter à leurs yeux de beaux chiffres, exacts d'ailleurs, il leur avait éloquemment démontré qu'ils pouvaient, sans crainte, offrir à l'Etat une somme de 1.300.000 francs au moins, pour l'acquisition, en bloc, de tous les lots restant à vendre, d'une contenance totale de 226 hectares (2.260.000 mètres). Comme il y avait dans le parc de nombreux bâtiments, cette offre ne portait le prix du mètre qu'à une somme bien inférieure à 58 centimes.

Pour mieux les convaincre qu'il considérait l'affaire comme excellente, il ne leur avait demandé d'autre rémunération de ses peines, soins et démarches, que l'attribution du cinquième des bénéfices qu'ils auraient réalisés.

C'est à l'instigation de M. Delion que fut formée, entre MM. Lebaron, Dubuisson, Delécluze et lui, par acte passé devant Mᵉ Olagnier, notaire à Paris, le 21 octobre 1854, une société civile ayant pour objet l'acquisition, l'exploitation et la revente en détail du Domaine du Raincy.

Cette Société, gérée par M. Lebaron, se rendit adjudicataire de toute la partie de ce domaine non encore vendue, d'une contenance de 226 hectares, aux termes d'un procès-verbal dressé le 11 janvier 1855, à la préfecture de Seine-et-Oise, moyennant le prix de 1.351.000 francs, payé le 10 avril suivant.

Ainsi l'Etat n'a retiré de la totalité du domaine que la somme de 1.369.500 francs, dont 18.500 francs pour la partie aliénée le 27 septembre 1854, et 1.351.000 francs pour le surplus, adjugé le 11 janvier 1855, ce qui faisait moins de 60 centimes par mètre nu, sans tenir compte de la valeur des constructions.

CHAPITRE II

CONSTITUTION DE LA COMPAGNIE FONCIÈRE DU RAINCY

Les membres de la Société civile Lebaron ne s'étaient pas proposé d'exploiter eux-mêmes l'important immeuble qu'ils venaient d'acquérir. Ils en firent sans tarder l'apport à une société en commandite par actions, formée suivant acte passé devant Mᵉ Olagnier, sus-nommé, les 16 mai, 6 et 15 juin 1855, sous la dénomination de *Compagnie Foncière du Raincy*, et sous la raison sociale *A. Gambey et Compagnie.*

A cet acte avaient concouru : 1ᵒ Les membres de la Société Lebaron, à raison de leur apport du parc du Raincy, estimé par eux 2.600.000 francs, et de l'attribution qui leur était faite de 26.000 actions de 100 francs, représentant une somme équivalente ; 2ᵒ M. Charles-Arsène Gambey, gérant de la Société et seul associé responsable ; 3ᵒ et les premiers souscripteurs des 4.000 actions restant à émettre jusqu'à concurrence de 400.000 francs, simples commanditaires comme tous ceux qui souscriraient le surplus de ces actions.

D'après l'article 6 des statuts, le fonds social était de trois millions, représenté par 30.000 actions de cent francs : d'après l'article 8, la durée de la Société était de six années ; et aux termes de l'article 15, le fonds social était composé : 1ᵒ du parc du Raincy, estimé à 2.600.000 francs ; 2ᵒ et de la somme de 400.000 francs à verser par les souscripteurs des actions payables en argent, cette somme étant destinée tant aux constructions à élever sur les terrains, qu'aux dépenses générales de mise en valeur et d'exploitation.

On lisait dans l'exposé préliminaire de cet acte :

« Que le domaine du Raincy, situé près Paris, à proximité d'une des stations du chemin de fer de Strasbourg, consistant en un parc entièrement clos de murs, dans lequel se trouvent des bois magnifiques, différentes habitations et constructions, et plusieurs pièces d'eau alimentées par des sources très abondantes, pouvait, en raison de sa merveilleuse disposition, être considéré comme un des emplacements les plus favorables pour la construction de maisons de plaisance et de campagne ;

« Que l'établissement de ces maisons serait singulièrement aidé et rendu peu dispendieux par ce fait que la plupart des matières premières qui entrent dans la construction, telles que les pierres, le plâtre et le bois, se trouvent en grandes masses dans la propriété et pourraient y être utilisées sur place.

« Que le meilleur mode d'exploitation du domaine du Raincy serait donc sa division en une grande quantité de lots, dont chacun serait affecté à l'emplacement et aux dépendances d'une maison de campagne, construite ou à construire ».

Il importe de faire remarquer qu'aux termes de l'article 14 des statuts, tous les actionnaires avaient le droit de se libérer en actions, prises au pair, du prix des lots de terrain dont ils deviendraient acquéreurs.

Par un second acte du 16 juin 1855, il a été déclaré que le capital social avait été complètement souscrit, et que, par suite, la Société était définitivement constituée.

Invoquant cette constitution définitive, M. Delion fit remarquer à ses co-associés primitifs qu'ils avaient, en fait, vendu à cette Compagnie, pour 2.600.000 francs, un immeuble qui ne leur avait coûté que 1.351.000 francs, et qu'ils avaient bénéficié de la différence, soit 1.249.000 francs. Il leur réclama, en conséquence, le cinquième du bénéfice, conformément à leurs conventions, soit une somme de 249.800 francs, représentée par 2.498 actions de 100 francs, qui lui furent octroyées sans difficulté.

Quant à MM. Lebaron, Dubuisson et Delécluse, sur les 26.000 actions libérées qui leur avaient été attribuées en échange de leur apport, il leur en restait 23.502, lesquelles, pour un débours de 1.351.000 francs, ne leur revenaient chacune qu'à 57 francs. Ils pouvaient avoir encore l'espoir, si elles remontaient au pair, de retirer de l'opération un assez joli bénéfice.

La gestion de M. Gambey ne tarda pas à être vivement critiquée. Au lieu de réserver, sur la somme de 400.000 francs, les fonds nécessaires à l'établissement et à l'entretien des routes et des eaux, ainsi qu'aux charges courantes de l'exploitation, le gérant avait tout dépensé dans la construction d'une douzaine de maisons d'un modèle uniforme. De là, dès le début, des embarras financiers, qui ne manquèrent pas d'inquiéter les actionnaires.

D'un autre côté, les acheteurs d'actions alléguaient que l'estimation de 2.600.000 francs donnée à un immeuble qui n'avait coûté que 1.351,000 francs était exagérée et fictive ; que, si l'on déduisait du fonds social, porté à 3.000.000 de francs, la majoration de l'apport, c'est-à-dire 1.249.000 francs, le capital effectif se trouverait réduit à la somme de 1.751.000 francs, qui divisée par 30.000, ne permettrait guère d'évaluer chaque action à plus de 58 francs.

Dans ces conjonctures, une quantité considérable d'actions furent offertes sur le marché de la Bourse à des prix bien inférieurs au taux nominal, d'abord par M. Delion, auquel elles n'avaient rien coûté et qui désirait réaliser sans retard un bénéfice ; puis par les autres membres de la Société Lebaron, auxquels l'action ne revenait pas à 60 francs : et enfin par certains souscripteurs au pair, qui commençaient à s'inquiéter du résultat de l'opération.

Cette baisse des actions, fâcheuse en apparence, devait avoir, en fait, par suite d'une circonstance particulière, une heureuse influence sur la marche de l'affaire même. On a pu dire une fois de plus, à quelque chose malheur est bon. En effet, un stock important de ces titres dépréciés fut offert à un riche capitaliste, M. Eugène Le Comte, Député de l'Yonne, qui en acheta pour 500.000 francs au prix de 60 francs. Celui-ci devenait ainsi propriétaire de plus de 8.300 actions représentant bien au delà du quart du capital social.

M. Le Comte était un homme très versé dans les affaires et très influent, tant par sa fortune que par sa position. Son entrée dans la Compagnie foncière du Raincy, avec un aussi gros intérêt, devait considérablement contribuer à son succès, comme on le verra plus loin.

Dans la situation difficile où se trouvait momentanément la Société, tous les actionnaires reconnurent la nécessité de remplacer le gérant ; et M. Gambey, pour prévenir toutes contestations judiciaires, consentit à se retirer, moyennant une indemnité réglée à l'amiable. En vertu de deux délibérations successives des 7 février et 5 mai 1856 dont les procès-verbaux ont été déposés en l'étude de Mᵉ Olagnier, le 4 juin suivant, on lui donna pour successeurs, d'abord M. Feineux, l'un des actionnaires les plus actifs, et ensuite M. Bigard-Fabre, gendre de M. Desjardins de Morainville, l'un des principaux fondateurs de la Société.

Enfin, dans une autre Assemblée générale du 16 août 1856, et aux termes d'un acte passé, le même jour, chez le même notaire, les statuts primitifs furent modifiés, et la raison sociale devint *Bigard-Fabre et Cⁱᵉ,*

Il est à propos de faire remarquer que M. Bigard-Fabre, proposé par M. Le Comte au choix des actionnaires, était son neveu par alliance. M. Le Comte avait préalablement demandé à M. Aigoin de se mettre sur les rangs, en lui garantissant un minimum d'émoluments ; mais celui-ci n'avait pu se décider à accepter cette proposition, à raison de la situation qu'il occupait alors à la direction générale de l'Enregistrement et des Domaines, comme sous-chef du contentieux.

M. Le Comte a longtemps voulu rester personnellement en dehors de l'Administration de la Compagnie foncière ; mais les conseils de cet homme expérimenté, grandement intéressé au succès de l'entreprise, l'excellente impulsion qu'il n'a cessé de donner indirectement à la gérance, et son influence auprès des autorités publiques avec lesquelles la Compagnie s'est trouvée en contact, ont été très utiles aux actionnaires, et, plus tard, au Syndicat des acquéreurs du parc du Raincy, dont il a été le président, de 1864 à 1866.

La modification survenue dans la gérance ne devait pas tarder à relever le cours des actions, dont la baisse n'était réellement pas justifiée. Les 2.260.000 mètres de terrain possédés par la Compagnie foncière et estimés sans exagération 2 francs en moyenne, représentaient une somme de 4.520.000 fr., sans compter la valeur des nombreux bâtiments situés dans l'enceinte du parc. Il en résultait, et c'était un point très important, que la Compagnie pouvait, sans danger, recevoir les actions pour leur valeur nominale, en payement des prix de vente, comme l'autorisait l'article 14 des statuts. Les actionnaires qui se proposaient de devenir acquéreurs, avaient, dès lors, tout intérêt à ne plus les vendre au-dessous du pair. Pour eux, une action valait évidemment un billet de cent francs. Quant aux autres, ils étaient fondés à espérer qu'au moment des ventes, ils trouveraient facilement à les céder, dans le voisinage du pair, à des acquéreurs non actionnaires, qui réaliseraient ainsi un certain bénéfice. La dépréciation des actions ne pouvait manquer d'avoir un terme.

Le droit concédé aux actionnaires de payer leurs achats de terrains en actions reçues au pair, bien qu'elles aient coûté beaucoup moins à la plupart d'entre eux, devait avoir un autre avantage : celui de leur permettre de soutenir aisément le taux des ventes. Ainsi, avec 100 actions n'ayant coûté que 6 ou 7.000 francs, par exemple, on pouvait pousser les enchères jusqu'à la somme de 10.000 francs. C'était un moyen d'empêcher l'avilissement des immeubles de la Société. Les nombreuses acquisitions de M. Le Comte, qui était possesseur d'un capital de plus de 800.000 francs en actions, les nombreux bâtiments qu'il s'est empressé d'élever sur plusieurs des terrains acquis par lui, ont exercé une grande influence sur le succès des ventes et donné un véritable élan aux constructions.

CHAPITRE III

ADMINISTRATION DE LA COMPAGNIE FONCIÈRE

L'objet principal, le but de cette administration, était la revente en détail des immeubles qui lui avaient été apportés par la Société Lebaron. Mais pour assurer le succès de cette opération, il était important de prendre au préalable diverses mesures propres à en accroître la valeur. Il fallait, en prévision de l'avenir, doter la nouvelle colonie de tout ce qui devait permettre son développement et de tout ce qu'exige une augmentation considérable de population. C'est ce que fit avec beaucoup d'habileté la Compagnie foncière du Raincy, et c'est à cela qu'est dû le merveilleux développement de la colonie.

§ Ier. — *Division du parc. — Établissement des routes.*

La Compagnie commença par faire dresser un plan général du Raincy, divisé en 52 îlots spécialement dénommés, et subdivisés eux-mêmes en plusieurs lots, ayant chacun un numérotage particulier. Le nombre total des lots primitifs s'élevait à 1.310 (1). Ce plan, établi par M. Frion, ingénieur-géomètre, avec le concours de M. Dutreih, ancien principal clerc de notaire à Paris, indiquait le tracé et les noms des diverses voies de communication créées dans l'intérieur du parc.

On y voyait d'abord deux principales avenues de 20 mètres de largeur, se croisant à angle droit à un rond-point dit : *Le Rond-point du Raincy.* La première de ces avenues, allant du midi au nord, faisait communiquer le *Rond-point de la Station,* situé à côté de la gare, avec la porte de Livry, et, au delà, avec une avenue extérieure conduisant jusqu'à Livry même, chef-lieu de la commune. Elle portait, dans sa première section, le nom d'*avenue du Chemin-de-Fer,* et, dans la

(1) Voir Annexe II, page 56.

seconde, à partir du Rond-point du Raincy, celui d'*avenue de Livry*. L'autre avenue allant de l'ouest à l'est, et dénommée *Avenue du Raincy*, mettait en communication la porte du Raincy, avec un Rond-point, dit *Rond-point de Montfermeil*. Elle se continuait, à l'ouest, en dehors du parc, jusqu'à la route nationale n° 3 de Paris à Metz et Strasbourg, au moyen de l'ancienne avenue de Bondy, réduite à 12 mètres de largeur, et portant désormais, comme l'avenue intérieure, le nom d'*avenue du Raincy*.

On y voyait aussi beaucoup d'autres routes d'une largeur de 12 mètres, qualifiées d'allées, et sillonnant le parc dans tous les sens ; puis un boulevard circulaire de même largeur, portant, dans chacune de ses quatre sections, les noms des quatre points cardinaux. Toutes ces allées et boulevards étaient, comme les avenues, pourvus de trottoirs.

On y remarquait aussi quelques petites allées sinueuses, larges à peine de six mètres, dont le maintien semblait peu justifié. C'étaient les anciennes allées du parc dont la copropriété avait été malencontreusement attribuée par l'Etat à ses deux premiers acquéreurs du 27 septembre 1854, MM. Choisy et Tisserand, et que la Compagnie, en présence de leur exigence, s'était trouvée obligée de maintenir, en dehors des belles routes qu'elle avait établies sur son propre terrain.

Le réseau total des routes ou allées du parc s'élevait à plus de 26 kilomètres de longueur, savoir :

	Longueur	Mètres superficiels.
Deux avenues principales de 20 mètres de largeur........................	2.594^m	51.880^m
L'ancienne avenue de Bondy, réduite à 12 mètres.........................	1.445^m	17.340^m
Vingt-sept boulevards ou allées de 12 mètres...........................	17.399^m	208.788^m
Quatorze allées de 6 mètres, dont cinq de chaussée.....................	4.604^m	27.624^m
Totaux....	26.042^m	305.632^m

Cela résulte des constatations établies dans le rapport dressé, en vertu d'un jugement du tribunal de la Seine, par M. Surville, expert, lors des difficultés survenues entre le Syndicat des propriétaires du Raincy et la Compagnie foncière, au sujet de la confection de ces routes.

Tel est l'ensemble du réseau que la Compagnie s'était engagée à construire et qu'elle devait entretenir jusqu'à sa dissolution, moyennant le payement, par chaque adjudicataire, d'une cotisation d'un demi-centime par mètre superficiel de terrain (art. 7 du cahier des charges).

Cet ensemble comprenait donc une superficie de 305.632 m. carrés (30 hectares et demi environ), qui, défalqués des 226 hectares acquis par la Compagnie foncière, réduisaient à 195 hectares et demi, la contenance des terrains susceptibles d'être vendus en détail.

§ 2. — *Service des eaux.*

Dans son acte de constitution, la Compagnie foncière du Raincy disait — et elle l'a répété dans ses prospectus — que le parc était pourvu de plusieurs pièces d'eau alimentées par des sources abondantes. La principale de ces pièces était celle que l'on avait qualifiée, un peu pompeusement, de *Rivière*. Elle s'étendait sur deux îlots, celui de la Rivière et celui de l'Orangerie. Il y avait aussi *l'abreuvoir*, et deux pièces d'eau dans les îlots de l'église et de la pelouse.

Quant aux sources situées en dehors du parc, elles y étaient amenées par deux aqueducs : 1° celui du Martelet, qui y pénétrait à la porte de Montfermeil et arrivait au centre du Raincy, par l'allée de Montfermeil, jusqu'à sa rencontre avec l'allée du Réservoir ; 2° et l'aqueduc *Saint-Fiacre*, qui aboutissait au Rocher Saint-Fiacre. C'est là que se réunissaient, dans un ancien bassin, les eaux des deux aqueducs.

Voilà ce qui constituait l'ancien service des eaux du Raincy. Les deux aqueducs étaient en assez mauvais état. Le cahier des charges des adjudications administratives de 1854 et 1855 prescrivait aux acquéreurs de les réparer, et de remplacer les conduites en grès par des tuyaux en fonte, ce qu'a dû faire la Compagnie foncière. L'exécution de cette clause a soulevé entre elle, d'une part, et MM. Choisy et Tisserand, de l'autre, des contestations qui ont donné lieu à une sentence arbitrale du 25 février 1858, et à un jugement du Tribunal civil de la Seine du 15 mai 1860.

Les eaux anciennes étant insuffisantes, la Compagnie s'est trouvée dans l'obligation d'utiliser des sources nouvelles, pour établir des fontaines en plus grande quantité et satisfaire aux besoins de ses nombreux acquéreurs. On sait que l'eau est devenue plus que jamais nécessaire à toute agglomération d'habitants. La Compagnie a dû, en outre, afin de mieux alimenter ces fontaines, créer un établissement hydraulique ou pompe à feu, en stipulant que le prix et les conditions d'abonnement seraient débattus de gré à gré, ou fixés par un règlement.

La vente de ce château d'eau et d'un abreuvoir destiné à recevoir les eaux provenant des versants élevés du Raincy a donné lieu, plus tard, à bien des contestations.

La Compagnie avait d'ailleurs stipulé que les frais d'entretien du service des eaux seraient à sa charge, jusqu'à sa dissolution, moyennant le payement, par chaque adjudicataire, d'une cotisation annuelle d'un demi-centime par mètre superficiel de terrain (art. 8 du cahier des charges).

§ 3. — *Création d'une gare.*

Avant l'établissement d'une gare spéciale, l'accès du Raincy n'était pas facile. Il fallait descendre à la station de Bondy, et avoir recours à un insuffisant service d'omnibus ou à des voitures dites à volonté, qui font le plus souvent défaut le jour où l'on en voudrait avoir.

La forêt de Bondy, autrefois renommée pour ses voleurs, en était depuis longtemps délivrée, mais de fâcheuses émanations lui avaient valu ensuite un triste renom. Il était donc important, à tous les points de vue, de brûler la station de Bondy, et d'obtenir une nouvelle gare au Raincy même, dont le territoire, dans la partie méridionale, longeait précisément le chemin de fer de l'Est. Il était évident que la valeur des terrains à vendre s'en trouverait pour le moins doublée.

Ce que l'Administration des Domaines n'avait pas même songé à demander, la Compagnie foncière a pu l'obtenir sans trop de difficulté, moyennant l'abandon d'un hectare de terrain et le payement d'une somme de 10.000 francs. Il était impossible de faire un sacrifice plus profitable. Les démarches personnelles de M. Lecomte au Ministère des Travaux publics et auprès de la Compagnie de l'Est, ont certainement contribué au succès.

La nouvelle station, dite de Raincy-Villemomble, a été ouverte le 4 septembre 1856. Elle n'était desservie, au début, que

par cinq trains dans chaque sens, dont deux le matin et trois
le soir. La Compagnie de l'Est n'a pas tardé à reconnaître
tous les avantages qu'elle allait retirer de cette concession.Non
seulement, les jours de vente, elle avait à transporter une
quantité considérable d'amateurs de terrains et de curieux ;
mais, dès le lendemain, on voyait revenir les nombreux acquéreurs, désireux de contempler leurs nouvelles acquisitions, et
obligés de les faire enclore. Ils étaient accompagnés, le plus
souvent, par leur famille, et aussi par les architectes et les
entrepreneurs chargés de les couvrir de constructions.

En peu de temps, la station du Raincy était devenue l'une
des plus productives de la banlieue, et le nombre des trains a
dû être sensiblement augmenté.

§ 4. — *Aménagement d'une église.*

La Compagnie foncière ne devait pas se borner à la satisfaction des besoins matériels de la population qu'elle voulait atti-
rer au Raincy. Il en est d'autres auxquelles il fallait pourvoir,
pour hâter de toutes manières la naissance d'une ville.

Sauf peut-être quelques peuplades sauvages et barbares,
tous les peuples de la terre ont une religion. On voit partout
des temples, des synagogues, des mosquées ou des églises.
Avec une sage prévoyance, la Compagnie a songé, dès l'origine, à doter la nouvelle colonie d'un édifice religieux, et elle
a eu soin de l'annoncer dans ses affiches.

La construction d'une église eut été fort onéreuse ; mais,
parmi les anciens bâtiments du Raincy, il s'en trouvait précisément un dont les dimensions se prêtaient à une affectation
de cette nature. C'était une belle grange, devenue inutile à sa
destination primitive, et dont il a été facile de faire, à peu de
frais, une chapelle très suffisante.

Toutefois, de cet édifice, il n'y avait que les quatre murs. Il
fallait le meubler de tout ce qui est nécessaire à l'exercice du
culte. La Compagnie a cru pouvoir adresser un appel à ses
actionnaires et à ses acquéreurs. Un grand nombre d'entre eux
se sont empressés d'y répondre, par des dons en argent ou en
nature. Il paraît qu'il y avait à cette époque-là, et il y a même
encore aujourd'hui, malgré tout, des gens qualifiés d'êtres à
préjugés, désireux de se marier religieusement, de faire bapti-
ser leurs enfants, et d'être enterrés comme l'avaient été leurs

aïeux. En peu de temps la nouvelle chapelle était pourvue du nécessaire. Il ne restait plus qu'à la faire consacrer.

La bénédiction a eu lieu le 13 juin 1858. Elle a été donnée par Mgr Jean-Pierre Mabille, évêque de Versailles, assisté de M. Chauvet, son grand-vicaire. Cette cérémonie avait attiré un public nombreux. Le curé de Livry était alors M. l'abbé Besqueut. La chapelle dépendait de sa paroisse. Son vicaire, M. Vigeas, fut chargé de la desservir. Plus tard, lorsque le Raincy fut érigé en commune, le 20 mai 1869, celui-ci devint curé de la nouvelle paroisse jusqu'en 1887, et quand cette commune fut elle-même érigée en chef-lieu de canton, le 7 avril 1882, il continua à la diriger comme doyen.

§ 5. — *Vente en détail des immeubles.*

Nous ne nous sommes occupés jusqu'ici que des actes d'administration accessoires destinés à faciliter la vente des immeubles possédés par la Compagnie foncière. Cette vente était le but essentiel de sa constitution. Nous allons donner des détails sur la manière dont cette importante opération a été conduite.

Ainsi que nous l'avons dit plus haut, le Raincy avait été divisé en 1.310 lots. Le prix total s'est élevé à 5.416.952 francs. Pour arriver à vendre un nombre de lots aussi considérable et à réaliser une somme aussi importante, il était indispensable d'espacer convenablement les mises en adjudication. D'un autre côté, comme la Compagnie avait adopté une très bonne mesure, qui était de procéder sur place à l'adjudication de chaque lot, les ventes ne pouvaient avoir lieu que dans la belle saison.

M. Gambey avait opéré quelques ventes à l'amiable. Les mises en adjudication ont commencé sous la gérance de M. Bigard-Fabre : elles se sont continuées de 1856 à 1859. Il y a eu quarante-neuf séances, savoir : quatre en septembre et octobre 1856 ; treize de mai à octobre 1857 ; quatorze de mai à octobre 1858, et dix-huit de mars à août 1859. Il y a eu aussi quelques ventes amiables consenties tant par le gérant que par les liquidateurs de la Compagnie foncière.

C'est Mᵉ Desforges, notaire à Paris et successeur de Mᵉ Olagnier, qui a procédé à cette importante opération. Il se transportait successivement sur les différents lots à vendre, accompagné de ses clercs et de sa table notariale, suivi et entouré d'une foule considérable d'amateurs et de curieux. Il était assisté de M. Dutreih, ancien principal clerc de notaire, qu'on avait adjoint au gérant, et qui remplissait avec entrain le rôle de commissaire-priseur. Entre-temps, on voyait circuler, au milieu des adjudicataires, des courtiers porteurs d'actions de la Compagnie, qui les négociaient aussi cher que possible, mais en les tenant toujours un peu au-dessous du pair, pour laisser aux acquéreurs un certain bénéfice. L'aspect de ces ventes en plein air était fort pittoresque, et le résultat en a été très fructueux. Nous avons fait connaître plus haut les différentes causes qui en avaient assuré le succès. La somme de 5.416.952 fr., formant le prix total des ventes faites par la Compagnie foncière, s'appliquait tant aux 195 hectares et demi de terrain susceptibles d'être aliénés qu'aux constructions existant au début de la société ou élevées par elle. Le prix des lots composés de terrains et de bâtiments n'ayant été l'objet d'aucune ventilation, il n'est pas possible de déterminer, exactement, le prix du mètre nu. Mais il résulte des chiffres ci-dessus que le mètre bâti a été, en moyenne, de 2 fr. 77 c., et si l'on estime à 400.000 environ la valeur des constructions, il reste au moins 5.016.952 francs pour 195 hectares et demi de terrain, ce qui porterait le prix du mètre nu à 2 fr. 56 c.

La dissolution de la Compagnie foncière a été la conséquence de l'achèvement de ces ventes, et le recouvrement des prix restant dus, l'objet principal de sa liquidation.

CHAPITRE IV

La dissolution de la Compagnie foncière a été prononcée le 16 septembre 1859, et publiée le 29 du même mois. Nous allons faire connaître le résumé de la liquidation.

Si du prix total des ventes immobilières effectuées par la Compagnie, s'élevant à 5.416,952 francs, on défalque le fonds social de 3.000.000 de francs, on trouve une plus-value de 2.416,952 francs. Il s'en faut que cette somme soit tout bénéfice. Il convient d'en déduire d'abord les 400.000 francs employés, dès le début, en premier frais et en constructions de maisons ; ensuite les dépenses considérables nécessaires pour mettre en valeur les immeubles à vendre, telles que le lotissement du parc, l'établissement de 26 kilomètres de routes, l'amélioration du service des eaux, la création d'une gare, l'aménagement d'une église, les frais de publicité, les intérêts des actions, etc. La Compagnie a eu, en outre, la charge des procès qu'elle a dû soutenir contre différents acquéreurs, et dont un seul, celui qui lui a été intenté par le Syndicat des propriétaires, pour la réfection des routes et l'établissement des eaux, a mis à sa charge une indemnité de 152.000 francs, indépendamment des frais, aux termes d'un arrêt de la Cour de Paris, du 5 février 1862.

Néanmoins, la marge était encore assez considérable, pour que la Compagnie ait pu s'acquitter, sans emprunt, de ces diverses charges. Mais elles ont pesé en partie, sur les porteurs d'actions, — en nombre heureusement limité, — qui, au lieu de les amortir en temps opportun, les ont gardées jusqu'à la dissolution de la Société, dont la laborieuse liquidation n'était pas encore terminée à la fin de l'année 1866.

Si maintenant l'on apprécie l'opération dans son ensemble, si l'on met en regard les sommes déboursées à l'origine, et les sommes recueillies, en définitive, par les sociétaires, il est certain qu'elle a donné d'assez gros bénéfices. En effet, les débours se sont réduits à 1.751.000 francs, composés des 1.351.000 francs payés à l'Etat par la Société Lebaron, et des 400.000 francs versés par les premiers souscripteurs d'actions. Or, la somme retirée a été d'environ 3.000.000 de francs, représentant le capital social, ce qui donne un assez joli profit, soit pour les fondateurs de la Compagnie foncière, soit pour leurs ayants-cause.

Il arrive souvent que des affaires qui ont une véritable utilité à un point de vue général, causent la ruine de leurs fondateurs ou de ceux qui leur ont succédé. Il n'en a pas été ainsi de l'opération dont nous nous occupons. L'affaire du Raincy, tout en enrichissant une contrée entière, en donnant de larges bénéfices à des entrepreneurs, à des ouvriers et à des intermédiaires de toutes sortes, a été, en somme, très profitable aux nombreux capitalistes qui y ont apporté leur concours.

La Compagnie foncière avait trouvé, en 1855, un parc dépourvu d'habitants ; et lors de sa dissolution, en 1859, quatre ans plus tard, elle laissait les bases d'une ville, que le Syndicat des propriétaires allait agrandir encore, ce qui devait mettre les pouvoirs publics dans la nécessité d'en faire, peu de temps après, d'abord le chef-lieu d'une commune, et ensuite un chef-lieu de canton.

DEUXIÈME PÉRIODE

Syndicat des acquéreurs (1859-1861).

CHAPITRE PREMIER

CONSTITUTION DU SYNDICAT

La Compagnie foncière avait compris la nécessité et prévu la formation d'un syndicat de ses acquéreurs à l'époque de sa dissolution. L'article 17 du cahier des charges relatif à ses ventes par adjudication portait :

« Si la Société venderesse cessait d'être propriétaire dans le domaine avant son érection en commune ou annexe, tous les droits qui pourraient lui appartenir, quant aux avenues, allées, chemins, eaux, aqueducs, éclairage, etc., seront transmis, par ce fait et sans indemnité ni augmentation de prix, à la masse des propriétaires du domaine. »

Les articles 7 et 8 du même cahier des charges avaient stipulé que, « à partir du jour de sa dissolution, tous les propriétaires de terrains dans le Raincy, contribueraient entre eux seuls, au prorata de leurs contenances respectives, à l'entretien des routes et des eaux ». Cette cotisation était d'un centime par mètre de terrain vendu :

Tous les acquéreurs — et ils étaient plus de 700 — se trouvaient donc dans la nécessité, soit de provoquer la nomination d'administrateurs judiciaires, soit de s'entendre, pour substituer une administration conventionnelle à celle de la Compagnie dissoute, jusqu'au jour où le Raincy serait érigé en commune.

Les acquéreurs devaient d'autant moins attendre cette dissolution, que la Compagnie foncière, sur ses fins, montrait beaucoup de négligence à remplir ses engagements. Il était facile de prévoir que des difficultés, de diverses natures, surgiraient au moment de la prise de possession de toutes les choses constituant la propriété commune.

Dans cette situation, et dès le mois de juin 1859, douze propriétaires du Raincy se sont concertés pour provoquer une réunion générale des intéressés. Par une circulaire du 18 de ce mois, ils les ont priés de se rendre, le 3 juillet suivant, dans un bâtiment situé au boulevard du Nord, nᵒ 1, à l'effet de délibérer sur les diverses propositions qui pourraient être faites par les membres de l'Assemblée.

Ainsi que le constate une circulaire du 10 juillet 1859, il a été statué, dans cette première réunion :

1º Que pour mettre les propriétaires à portée de nommer une Commission définitive chargée de sauvegarder les intérêts communs, une liste complète de ces propriétaires serait imprimée et adressée à chacun d'eux ;

2º Qu'il serait procédé à la nomination de cette Commission, dans une Assemblée générale qui aurait lieu, au même endroit, le dimanche 17 juillet 1859 ;

3º Qu'il serait dressé une liste de candidats, et que, jusqu'à la nomination de commissaires définitifs, une Commission provisoire serait appelée à prendre toutes mesures conservatoires dans l'intérêt des propriétaires.

Cette Commission *provisoire*, nommée séance tenante, a été composée des douze membres qui avaient pris l'initiative de la convocation, savoir : MM. Aigoin, Besnard, Braconnot, Chailly, Desjardins de Morainville, Fège, Morel, Passot, Peyre, Pigny, Thibault et Thiellement.

Dans sa première réunion, la Commission a choisi pour président M. Desjardins de Morainville et M. Aigoin pour secrétaire. Elle a fait imprimer et distribuer sans retard la liste complète des acquéreurs connus jusqu'à cette époque, au nombre de 616, et les a convoqués, par une circulaire du 10 juillet 1859, à une assemblée générale pour le 17 du même mois.

Cette assemblée, à laquelle n'assistaient que 236 propriétaires, a décidé :

1º Que la Commission définitive serait composée de quinze membres ;

2º Qu'elle aurait pour mandat de prendre toutes mesures dans l'intérêt de la masse des propriétaires, notamment toutes mesures conservatoires, et qu'elle serait au besoin chargée de soutenir toutes instances;

3º Que son mandat expirerait le premier dimanche de février

1860, époque à laquelle les propriétaires seraient réunis, à Paris, en assemblée générale, pour recevoir les comptes de la Commission et procéder à une réélection ;

4° Et que, pour donner à la Commission les moyens de subvenir aux dépenses d'utilité générale, il serait payé, par tous les propriétaires du Raincy, une cotisation fixée à un demi-centime par mètre de terrain appartenant à chacun d'eux.

Il a été entendu que cette cotisation était distincte de celle d'un centime par mètre de terrain, due à la Compagnie jusqu'à sa dissolution, pour l'entretien des routes et des eaux.

L'assemblée a ensuite nommé, au scrutin secret, la Commission définitive, qui s'est trouvée composée des quinze membres suivants : MM. Desjardins de Morainville, Thiellement, Henri Eusmenger, Peyre, Fège, Besnard père, Aigoin, Thibault, Morel, Braconnot, Chailly, Passot, Not, Pigny et Mort. Cette Commission a maintenu MM. Desjardins de Morainville et Aigoin, comme président et secrétaire.

Par une circulaire du 31 juillet 1859, les résolutions de l'assemblée générale du 17 juillet ont été portées à la connaissance de tous les sociétaires, avec une formule contenant adhésion à ces résolutions, qu'ils étaient priés de remplir et de renvoyer au président ou au secrétaire de la Commission.

La Compagnie foncière s'étant dissoute le 16 septembre 1859, la Commission syndicale a dû prendre en main les intérêts généraux des propriétaires. Cette dissolution devait être le signal d'un procès entre eux et les liquidateurs de la Compagnie, et la perspective de débats judiciaires fut la cause d'un remaniement dans le personnel des commissaires. M. Desjardins de Morainville, beau-père du gérant de la Compagnie, se démit de ses fonctions de président, et même de membre de la Commission. M. Mort s'était également retiré. D'un autre côté, M. Aigoin appelé à remplacer M. Desjardins de Morainville, le 4 septembre, avait demandé l'adjonction de deux vice-présidents. Enfin, il était nécessaire d'élire un trésorier. La Commission fut donc composée de la manière suivante :

MM. Louis Aigoin, *président ;* Besnard père et Morel, *vice-présidents* ; Thiellement, *trésorier ;* Seilhemer, *secrétaire :* Peyre, *vice-secrétaire ;* Braconnot, Chailly, Commerson, Eusmenger, Fège, Not, Passot, Pigny et Thibault. Plus tard, à la suite de la démission de M. Peyre, M. Royer fut appelé à le remplacer.

Par une circulaire du 9 octobre 1859, la nouvelle Commission a porté à la connaissance de tous les propriétaires la dissolution de la Compagnie foncière du Raincy. Elle leur a rappelé les décisions prises par ceux d'entre eux qui avaient assisté à l'assemblée générale du 17 juillet, et les obligations qui résultaient, pour tous, des articles 7, 8 et 17 du cahier des charges relatifs aux adjudications. Elle les informait, en outre, des difficultés que soulevait la Compagnie foncière, dans l'accomplissement de ses devoirs comme venderesse, et leur démontrait, en leur communiquant la consultation de trois avocats du barreau de Paris, la nécessité de les faire résoudre à l'amiable ou en justice. Enfin elle insistait de nouveau pour obtenir leur adhésion au syndicat constitué le 17 juillet 1859.

Cette circulaire a amené 222 adhésions nouvelles, indépendamment de 98 adhésions tacites, résultant du payement de la cotisation d'un demi-centime par mètre de terrain, soit un total de 320.

Lors de l'assemblée générale du 17 juillet 1859, la Commission avait elle-même demandé que ses pouvoirs prissent fin le premier dimanche de février 1860. En conséquence, par une circulaire du 30 janvier, elle avait convoqué tous les propriétaires à une troisième assemblée, devant avoir lieu, le 5 février, à Paris, dans la salle Bonne-Nouvelle.

Sur la demande expresse de M. Aigoin, président, qui avait des comptes à rendre, il a été procédé à l'élection d'un bureau pris en dehors des membres composant la Commission. A ce bureau ont été appelés, comme président, M. Eugène Le Comte, comme secrétaires, MM. Tavenet et Goffres, et comme scrutateurs MM. Guéret et Desjardins de Morainville. Ils présentaient tous les plus grandes garanties d'impartialité.

L'assistance comprenait 251 membres, parmi lesquels figuraient M. Bigard-Fabre, ancien gérant, et M. Dutreih, son conseil. Leur présence, malgré l'abstention volontaire de MM. Outin, Linard et Laissement, liquidateurs, suffisait pour assurer toute discussion et tout contrôle, de la part de la Compagnie foncière.

Dans la première partie de son rapport, le président de la Commission faisait connaître toutes les mesures prises dans l'intérêt général, et l'état de l'instance soutenue contre la Compagnie, par lui et ses collègues, agissant en leurs noms personnels. Dans la seconde partie, il indiquait celles qu'il paraissait convenable d'adopter pour sauvegarder, dans l'avenir, les mêmes intérêts. Il faisait ressortir notamment la nécessité de régulariser, en lui donnant la forme authentique, l'espèce de syndicat dont les deux assemblées des 3 et 17 juillet 1859 avaient posé les bases, sans créer des liens de droit suffisants.

Le président demandait donc à tous les propriétaires du Raincy d'adhérer à un acte passé le jour même, 5 février 1860, devant Me Alfred Delapalme, notaire à Paris, lequel, présent à la réunion, en avait donné lecture aux assistants. Dans cet acte, les membres de la Commission, tous comparants, déterminaient l'étendue des conditions de l'association établie entre les propriétaires, et la nature du mandat confié par ceux-ci aux membres de cette Commission.

Voici le texte littéral des conventions proposées à l'adhésion des propriétaires.

« ARTICLE PREMIER. — Les propriétaires du Raincy seront représentés par une Commission composée de quinze membres, élus parmi eux en assemblée générale.

« Cette Commission sera renouvelée ou réélue tous les ans.

« Elle ne pourrait être révoquée que par une décision de l'assemblée générale des propriétaires.

« La Commission rendra ses comptes à cette assemblée.

« Les décisions de l'assemblée générale, qui constituera elle-même son bureau, seront prises à la majorité des voix des membres présents.

« Il y aura chaque année, le premier dimanche de février, une réunion générale.

« ARTICLE 2. — La Commission est chargée :

« 1º D'administrer tous les biens qui sont la propriété commune des propriétaires du Raincy, de veiller à leur conservation et d'entretenir, notamment, les routes, les eaux, les bâtiments affectés au service du culte, et généralement tous les objets mobiliers ou immobiliers qui sont d'un usage commun; passer à cet effet tous marchés ;

« 2º De vendre tous objets mobiliers qui n'auraient plus d'utilité pour la masse des propriétaires ;

« 3º De toucher le montant de toutes sommes dues à la masse, et de toutes cotisations votées par l'assemblée générale, et d'en poursuivre le recouvrement par toutes les voies de droit ;

« 4º De représenter les propriétaires du Raincy, vis-à-vis des tiers, d'exercer contre ceux-ci, toutes actions et particulièrement de suivre toutes instances contre la Compagnie foncière du Raincy ou d'y intervenir dans l'intérêt de la masse, même en leur nom personnel, et, s'ils le jugent utile, d'y faire même intervenir les propriétaires du Raincy qui adhèreront aux présentes conventions ;

« 5º De transiger sur toutes contestations ;

« 6º De représenter également les propriétaires du Raincy vis-à-vis de toutes administrations publiques et particulières, toutes autorités départementales ou municipales, tous officiers de police judiciaire et tous agents de la force publique ; de s'entendre, en conséquence, avec toutes autorités au sujet de la police de la propriété, de faire agréer tous règlements d'ordre intérieur ; de les faire exécuter ; de nommer et révoquer tous gardes et concierges, et de fixer leurs salaires ;

« 7º De demander l'érection du domaine du Raincy en une commune distincte et séparée, et de faire tout ce qui sera nécessaire pour obtenir ce résultat auprès de toutes autorités ;

« 8º Enfin de prendre toutes mesures amiables ou judiciaires contre les propriétaires absents ou dissidents, pour provoquer l'organisation régulière et définitive de l'administration du Domaine du Raincy. »

« ARTICLE 3. — La Commission administrera collectivement. Toutefois, elle pourra déléguer tout ou partie de ses pouvoirs à un ou plusieurs de ses membres, avec faculté d'agir ensemble ou séparément.

« La Commission constituera elle-même son bureau.

« Les décisions seront prises à la majorité des voix des membres présents. En cas de partage, la voix du président sera prépondérante.

« Les délibérations de la Commission seront transcrites sur un registre spécial.

« En cas de mort, démission ou empêchement de l'un de ses membres, la Commission se complètera par l'adjonction d'un nouveau membre choisi par elle, parmi les propriétaires du Raincy.

« ARTICLE 4. — Toutes les charges et tous les frais d'actes et autres incombant à la masse des propriétaires seront supportés dans la proportion de la quantité de mètres superficiels de terrain possédés par chacun d'eux.

« Mention des présentes est consentie partout où besoin sera.

« Et pour les faire signifier à tous ceux qu'il appartiendra, tous pouvoirs sont donnés au porteur d'une expédition ou d'un extrait.

« Pour l'exécution des présentes, les parties élisent domicile à Paris, en l'étude de Mᵉ Alfred Delapalme, sise rue Castiglione, nᵒ 10. »

Après une discussion approfondie, l'assemblée a pris, à l'unanimité, les résolutions suivantes :

1º Elle a approuvé les comptes de la Commission et tout ce qui avait été fait dans l'intérêt de la masse des propriétaires jusqu'au 5 février, notamment l'instance suivie contre la Compagnie foncière du Raincy ;

2º Elle a décidé qu'il serait payé par tous les propriétaires, conformément aux articles 7 et 8 du Cahier des charges des adjudications, une cotisation d'un centime par mètre de terrain, applicable à l'entretien des routes et des eaux, et à toutes les dépenses d'utilité générale, pendant l'année 1860 ;

3º Elle a insisté pour que la Commission continuât sa gestion jusqu'à la première assemblée générale, et elle l'a maintenue dans sa composition actuelle ;

4º Elle a approuvé les dispositions de l'acte authentique du 5 février 1860, destiné à constituer définitivement l'administration des intérêts communs des propriétaires du Raincy.

Par un second acte, portant la même date, 186 propriétaires ont adhéré, séance tenante, à l'acte sus-énoncé.

Une circulaire du 4 mars 1860 a porté à la connaissance des propriétaires ces diverses résolutions. Elle analysait, en outre, le dispositif d'un jugement rendu depuis la réunion, par le tribunal civil de la Seine, à la date du 14 février, dans l'instance suivie contre la Compagnie foncière et dont il sera rendu compte plus loin, dans un chapitre spécial, à raison de l'importance considérable de cette instance.

La Commission insistait pour que tous les propriétaires s'empressassent de donner leur adhésion à l'acte constitutif du syndicat conventionnel, afin d'éviter la nécessité de substituer à une administration amiable et gratuite, des administrateurs judiciaires.

À la suite de cette nouvelle démarche, 174 propriétaires ont apporté leur adhésion dans l'étude de Mᵉ Alfred Delapalme, savoir : 27, par un acte des 14, 17, 19, 20, 21, 22, 23 et 24 mars 1860 ; — 30, par un acte du 9 septembre ; — 15, par un acte des 17, 18, 20, 22, 24, 25 et 26 octobre ; — 10, par un acte des 27, 29, 30, 31 octobre, 2, 3 et 5 novembre 1860 ; — 36, par un acte du 5 février 1861 et 56 par un acte des 23, 24, 27 février, 1ᵉʳ et 2 mars suivant.

Ces 174 adhésions, ajoutées à celles, au nombre de 186, que contenait le second acte du 5 février 1860, formaient un total de 360, sans compter les adhésions tacites résultant du payement des cotisations. Le rapport fait par le président constatait qu'à cette époque le nombre des cotisations volontairement payées s'élevait déjà à 474.

Il est incontestable que les conventions intervenues entre les parties ne donnaient aucune existence *légale* au syndicat. En justice, les membres de la Commission ne pouvaient donc agir qu'en leurs noms personnels. Il est de principe qu'on ne plaide pas par procureur. Mais les liquidateurs de la Compagnie avaient bien compris que les décisions judiciaires rendues contre eux au profit de quelques-uns seulement des propriétaires du Raincy, pourraient être invoquées, comme précédents, par tous ceux, syndiqués ou non, qui se trouveraient dans une situation semblable et nantis de droits identiques. Ils avaient donc tout mis en œuvre pour combattre les membres de la Commission.

Dans une note aux propriétaires du Raincy, MM. Outin, Linard et Laissement ont cherché à atténuer l'importance du syndicat conventionnel formé par la plupart des propriétaires, à semer entre eux des éléments de discorde, à dénaturer les faits et à prétendre que, malgré les oppositions d'intérêts, c'était eux qui étaient les seuls défenseurs des véritables droits des propriétaires.

Par une circulaire du 10 avril 1860, les membres de la Commission ont dû discuter, point à point, les assertions et les attaques des liquidateurs, et ils ont triomphé sur les chefs principaux, comme on le verra dans le compte-rendu du procès qu'ils ont intenté à la Compagnie foncière.

Dans une quatrième assemblée générale tenue le 9 septembre 1860, il a été donné connaissance aux propriétaires du jugement du 29 août précédent, qui, homologuait le rapport de l'expert nommé le 14 février. La lettre de convocation n'était pas signée de M. Aigoin, qui avait dû donner sa démission de président, par suite de sa nomination à la conservation des hypothèques de Fontainebleau, mais qui a continué à suivre jusqu'au bout, en son nom personnel, l'instance contre la Compagnie. Il a été procédé dans la même assemblée, à la réélection des membres composant le nouveau conseil syndical.

CHAPITRE II

Il convient, avant de parler des débats judiciaires, de jeter un coup d'œil sur l'administration du Syndicat.

Au lendemain de la dissolution de la Compagnie foncière, de nombreux intérêts communs étaient en souffrance, et la Commission syndicale devait s'en occuper le plus promptement possible. Nous allons passer en revue les principales mesures qu'elle a dû prendre, en laissant de côté, pour le moment, tous les détails relatifs à la suite de l'instance contre la Compagnie dissoute.

§ 1er. — *Garde du Parc.*

On se plaignait de la dévastation des propriétés dans le Raincy. L'un des premiers soins de la Commission a été de nommer deux gardes particuliers dûment assermentés, d'installer deux concierges, l'un à la porte de la station et l'autre à celle de Livry, qui étaient les plus fréquentées, et de demander tant au préfet de Seine-et-Oise qu'au commandant de gendarmerie à Versailles, l'établissement d'une brigade dans le parc. Le préfet a répondu, le 20 décembre 1859, que cette demande serait soumise au Conseil d'arrondissement.

En cette même année 1859, la Commission syndicale avait créé une compagnie de Sapeurs-Pompiers, munie de son matériel.

§ 2. — *Service des Postes.*

Malgré l'augmentation déjà considérable de la population, l'Administration des Postes n'avait rien changé à son service. La Commission a sollicité l'établissement de deux nouvelles boîtes aux lettres, l'une au rond-point de la Station, l'autre au rond-point de Monfermeil, et la création d'un facteur spécial pour le Raincy.

Le directeur général a répondu, le 25 novembre 1859, qu'il pensait pouvoir satisfaire à cette demande, dans le premier trimestre de l'exercice 1860.

§ 3. — *Chemin de fer et Omnibus.*

La Commission a insisté auprès de la Compagnie du Chemin de fer de l'Est pour obtenir une augmentation sensible dans le nombre des trains, qui n'était toujours, comme au début, que de cinq par jour dans chaque sens. Elle a fait des démarches pour obtenir également l'établissement d'un triple service d'omnibus, reliant à la gare le parc du Raincy, la commune de Livry et celle de Montfermeil. Elle a fait valoir que l'aliénation de la forêt de Bondy ne pouvait manquer d'augmenter le nombre des voyageurs.

Aujourd'hui on compte plus de cinquante trains dans chaque sens, et bien davantage les dimanches et jours de fêtes. Il y a lieu de faire remarquer d'ailleurs que trois gares accessoires, celles de la Tour, du Rendez-vous et des Pavillons, ont été ouvertes, en 1875, sur la ligne de Bondy à Gargan et Aulnay reprise par la Compagnie de l'Est.

§ 4. — *Service du culte.*

Désireuse d'assurer le service du culte, sans avoir à continuer de payer le vicaire chargé de desservir l'église du Raincy, la Commission a demandé à Mgr l'évêque de Versailles d'être exonérée le plus tôt possible de son traitement, pendant que le maire de Livry faisait une démarche analogue auprès du ministre des Cultes.

§ 5. — *Demande de mise en commune.*

Le point le plus important pour la Commission était d'obtenir que le Raincy fût érigé en commune.

Dès le 25 octobre 1857, elle a adressé au ministre de l'Intérieur une pétition à ce sujet. Préalablement elle avait dû procéder à un recensement, constatant qu'il y avait alors dans le parc 290 habitations et 1.226 habitants, dont 782 résidant au

Raincy toute l'année. Dans cette pétition elle émettait le vœu que la nouvelle commune fût rattachée au département de la Seine.

Sur ces entrefaites, un décret du 13 novembre 1859, inséré au 749ᵉ Bulletin des lois, sous le nº 7155, ordonnait la remise de la Forêt de Bondy à l'Administration des Domaines, chargée d'en opérer la vente au profit du Trésor public. La Commission a pensé que les futurs acquéreurs des lots entourant le Raincy auraient tout intérêt à voir se transformer, en routes départementales ou en chemins vicinaux, les voies privées dont le parc était sillonné, afin de pouvoir aborder librement la station du Raincy. Elle a compris que l'Etat serait dorénavant intéressé lui-même à la mise de ce parc en commune. En conséquence, par une lettre du 20 janvier 1860, elle a demandé au ministre des Finances d'appuyer d'urgence la pétition qu'elle venait d'adresser à son collègue de l'Intérieur.

CHAPITRE III

En même temps que le Syndicat, rencontrant sous ses pas des difficultés de différentes sortes, donnait tous ses soins à l'Administration provisoire du Raincy, il s'occupait activement d'obliger la Compagnie foncière à remplir ses engagements vis-à-vis de ses acquéreurs.

L'instance que les membres de la Commission syndicale ont dû suivre contre elle, en leurs noms personnels, avait une telle importance que nous avons cru devoir grouper, dans un chapitre spécial, tous les faits qui s'y rapportent.

§ 1er. — *Questions litigieuses.*

Les questions litigieuses principales étaient au nombre de quatre :

1° La Compagnie avait-elle le droit, comme elle le prétendait, de supprimer les grilles placées aux principales entrées du parc et les bâtiments affectés au logement des concierges des quatre portes de la Station, de Bondy, de Livry et de Montfermeil ?

2° Avait-elle le droit de vendre l'église et le presbytère, ainsi qu'elle en avait manifesté l'intention dans une assemblée générale de ses actionnaires ?

3° Pouvait-elle se dispenser de refaire les routes mal construites à l'origine, et de les remettre en bon état d'entretien au jour de sa dissolution ?

4° Avait-elle fait les travaux nécessaires pour assurer l'usage des eaux anciennes, et était-elle fondée à vendre le *Château d'Eau*, établissement hydraulique réfectionné par elle pour le service des eaux, sans imposer à l'acquéreur l'obligation de lui conserver sa destination : sauf à lui réserver, bien entendu, le droit d'exiger des consommateurs une taxe à titre d'abonnement ?

La Commission n'avait pas attendu la dissolution de la Compagnie foncière pour étudier ces différents points litigieux. Elle avait eu le soin de les soumettre à l'examen de trois avocats distingués du barreau de Paris, MM. Quétand, Bertrand-Taillet et Josseau, qui, dès le 17 septembre 1859, au lendemain même de cette dissolution, lui remettaient la consultation demandée.

Dans cette consultation, communiquée à tous les propriétaires par la circulaire du 9 octobre suivant, ces jurisconsultes soutenaient que les prétentions de la Compagnie foncière n'étaient point fondées. Nous allons les discuter sommairement.

1re QUESTION. — *Grilles et loges de concierges.* — La solution de cette question n'avait qu'une importance secondaire. Assurément tous les propriétaires considéraient que les clôtures devraient disparaître un jour, pour permettre à la nouvelle colonie de prendre son complet développement. C'est l'avis qu'avait émis M. Aigoin, à l'Assemblée générale du 5 février 1860. Mais la plupart d'entre eux pensaient que les fermetures seraient nécessaires pour assurer la sécurité du parc, tant que la forêt de Bondy, non encore morcelée, resterait inhabitée, et qu'elles seraient utiles pour la préservation des routes intérieures, jusqu'au jour où, le Raincy étant mis en commune, l'entretien des voies cesserait d'être à la charge des propriétaires.

On pouvait argumenter, pour le maintien des clôtures, de ce que toutes les affiches qui avaient précédé les adjudications indiquaient la mise en vente, par la Compagnie, de terrains situés dans un parc clos de murs. Or, une clôture suppose à la fois *des murs et des portes.* En droit, les acquéreurs semblaient fondés à invoquer les articles 1614 et 1615 du Code civil, aux termes desquels la chose doit être délivrée *dans l'état où elle se trouve au moment de la vente, avec tous ses accessoires.*

Par ces motifs, les membres de la Commission s'étaient opposés, aux termes d'un exploit du 6 juillet 1859, à l'aliénation des grilles et loges de concierges.

Ils savaient cependant que quelques propriétaires du Raincy avaient fait auprès du tribunal des démarches pour contredire leurs conclusions.

2e QUESTION. — *Eglise et Presbytère.* — La seconde question concernant l'aliénation, par la Compagnie, de l'église et du presbytère, ne pouvait donner lieu à un sérieux débat. Après avoir dit, dans ses premières affiches, que « la Compagnie venderesse n'avait pas hésité à faire d'importantes dépenses pour édifier une église », elle déclarait, dans les affiches relatives aux vingt-trois dernières ventes, « qu'une église avait été récemment inaugurée dans le Raincy, et que la colonie était ainsi *dotée* de son plus important complément ». Cependant les actionnaires de la Compagnie ayant décidé, lors d'une Assemblée générale, que l'église et le presbytère devraient être mis en vente, M. Aigoin, présent à la réunion, s'est empressé de faire signifier au gérant une défense de donner suite à ce projet téméraire, et il a été sursis à l'adjudication.

3ᵉ Question. — *Routes*. — De toutes les questions litigieuses, la troisième, relative aux routes, était sans contredit la plus importante. La Compagnie foncière s'était engagée, par l'article 7 du cahier des charges dressé pour ses ventes par adjudications, « à faire seule les frais de premier établissement des avenues, boulevards, allées, places et ronds-points du parc ». Elle avait stipulé, en outre, qu'après leur premier établissement « ces avenues, boulevards et allées seraient entretenus par la Société, qui, pendant sa durée, aurait la direction et la régie dudit entretien, à la charge par chaque adjudicataire de fournir, pour sa part contributive, une somme annuelle égale à un demi-centime par chaque mètre superficiel de sa propriété ».

La Compagnie foncière était donc évidemment tenue de remettre à la masse des propriétaires du Raincy, au jour de sa dissolution, des routes en parfait état de *premier établissement* et *d'entretien*.

Dans l'origine, les routes, destinées à servir de spécimen, avaient été construites suivant les règles de l'art. Mais ensuite, voyant le succès de ses ventes, la Compagnie, désireuse d'alléger ses charges, avait complètement modifié son système de construction ; elle ne faisait plus que des semblants de routes, c'est-à-dire un empierrement superficiel. Elle avait, en outre, dans les derniers temps, négligé même de les entretenir.

La Commission ne pouvait assumer la responsabilité de recevoir de pareilles routes, dont la réfection eût entraîné les propriétaires dans des dépenses considérables. Comme les questions à résoudre étaient du ressort des hommes de l'art, elle a introduit un référé, tendant à la nomination d'un expert chargé de constater l'état des choses.

Par une ordonnance du 19 octobre 1859, le Président du Tribunal civil de la Seine « a autorisé les membres de la Commission, agissant en leurs noms personnels, à faire procéder aux opérations d'expertise des routes et ronds-points du Raincy, par M. Surville, architecte, dispensé du serment, vu l'urgence, à l'effet de constater leur état, d'indiquer les travaux à faire pour les mettre en bon état, de fixer les indemnités qui pourraient être dues par la Compagnie, et, pour le cas où des travaux urgents seraient nécessaires, elle a autorisé les demandeurs à les faire faire sous la direction dudit expert, qui serait chargé de vérifier les mémoires des ouvriers ».

Sur l'appel de MM. Outin, Linard et Laissement, liquidateurs de la Compagnie foncière, la Cour impériale de Paris a confirmé, par un arrêt du 18 novembre 1859, l'ordonnance de référé du 19 octobre, en expliquant que les constatations ordonnées étaient limitées à la reconnaissance des faits matériels accomplis, et n'impliquaient aucun préjugé contre les droits et moyens de fond; que les travaux urgents à faire exécuter étaient, par suite, limités à l'entretien et à la réparation des ouvrages existants.

4ᵉ QUESTION. — *Eaux.* — La question relative au service des eaux avait également de l'importance. Les eaux du Raincy étaient de deux natures : les eaux anciennes ou naturelles, fournies par les deux aqueducs du Martelet et de Saint-Fiacre, et les eaux nouvelles ou artificielles, provenant d'un établissement hydraulique ou pompe à feu, créé par la Compagnie sur le point le plus élevé du domaine, pour mieux alimenter les fontaines, bassins et jets d'eau.

Les affiches précédant les 27ᵉ, 28ᵉ et 29ᵉ adjudications, disaient : le service des eaux est *doublement assuré* par des *fontaines publiques*, alimentées par des sources vives, et par *une pompe à feu* élevant sur le point culminant du Raincy une quantité considérable d'eau, dont les acquéreurs peuvent obtenir le partage au moyen d'abonnements.

Néanmoins, lorsque les ventes touchaient à leur terme, la Compagnie foncière mit en vente, le 21 août 1859, malgré les protestations de la Commission syndicale, cet établissement hydraulique, sans imposer à l'acquéreur, la demoiselle Leclerc, l'obligation de le conserver et d'assurer aux propriétaires, moyennant payement, le service d'abonnements, annoncé dans ses affiches.

La Commission s'est trouvée dans la nécessité d'assigner la Compagnie devant le Tribunal civil de la Seine, pour voir dire que, dans le mois du jugement à intervenir, les fontaines publiques et tous leurs accessoires seraient livrés en bon état aux propriétaires, faute de quoi ceux-ci seraient autorisés à faire, sous la direction de M. Surville, expert, tous les travaux jugés indispensables. Elle demandait, en outre, la nullité de la vente du Château-d'Eau, à moins d'imposer à l'acquéreur, la demoiselle Leclerc, l'obligation de pourvoir à l'alimentation des fontaines et bassins, et d'assurer le service des abonnements, moyennant un prix à débattre de gré à gré, ou fixé par le tribunal. La Commission demandait enfin qu'en vertu de l'article 8 du cahier des charges des adjudications, l'abreuvoir dont la propriété éventuelle avait été transmise à la demoiselle Leclerc, par l'acte précité du 21 août 1859, restât la propriété commune des propriétaires.

§ 2. — *Jugement du Tribunal civil de la Seine.*

Sur ces contestations, le Tribunal civil de la Seine, après avoir déclaré MM. Aigoin et coïntéressés recevables en leur demande, a rendu, le 14 février 1860, le jugement suivant :

« Le Tribunal déclare Aigoin et consorts mal fondés quant aux grilles, portes et bâtiments servant au logement des gardes et concierges du Raincy ; donne mainlevée de l'opposition par eux faite le 6 juillet 1859 ;

« Les déclare également mal fondés dans leurs conclusions tendant à faire prononcer, soit la nullité de l'adjudication du Château d'eau vendu le 21 août 1859 à la fille Leclerc, soit l'obligation par elle de le conserver et de le maintenir en activité ;

« Donne acte aux liquidateurs de la Compagnie du Raincy de leurs offres et déclarations touchant l'église et les ornements religieux ; dit que le bâtiment qualifié de presbytère, comme accessoire de l'église, ne peut en être détaché ; ordonne que, dans la quinzaine du présent jugement, les dits ornements, les clefs de l'église et celles du presbytère seront, par les liquidateurs de la Compagnie foncière du Raincy, remis au maire de la commune de Livry, à laquelle le Raincy est annexé quant à présent ;

« Charge Surville, expert, de constater l'état des routes, allées, boulevards et ronds-points, au moment de la dissolution de la Société, tant sous le rapport de leur premier établissement que sous le rapport de leur entretien ; ledit expert indiquera les travaux et dépenses qui sont à faire pour les mettre en bon état de viabilité, en tenant compte du défaut d'entretien dont ils auraient souffert depuis le 15 septembre 1859;

« Lui donne, en outre, la mission de constater l'état des aqueducs, conduites d'eau, dépendant du système des eaux dites anciennes au moment de la dissolution de la Société ; d'indiquer les travaux et les dépenses qui seraient à faire par la Société pour assurer le service des eaux ; enfin, de faire connaître si l'abreuvoir vendu à la D^{lle} Leclerc fait ou non partie du système général d'aménagement des eaux du Raincy;

« Réserve les dépens entre Aigoin et consorts et les liquidateurs de la Compagnie foncière du Raincy. »

Les propriétaires syndiqués devaient se montrer satisfaits de ce jugement, si l'on tient compte des chances que courent tous les plaideurs, et si l'on considère aussi qu'ils avaient rencontré, contre toute vraisemblance, parmi leurs adversaires, plusieurs propriétaires qui avaient cependant avec eux des intérêts identiques.

Comme on l'a dit plus haut, la question des grilles et loges de concierges n'avait qu'une importance secondaire, et tout à fait momentanée. La décision du tribunal sur ce point ne devait avoir d'autre effet que de hâter la suppression de clôtures destinées à disparaître un jour ou l'autre.

Le seul chef préjudiciable était celui qui autorisait la suppression du Château d'eau, alors que la Compagnie en avait elle-même fait ressortir l'utilité pour la distribution des eaux dans le parc et le service des abonnements. Mais le cahier des charges avait été rédigé dans des termes trop ambigus et trop contradictoires, pour permettre d'espérer une revision de la décision des premiers juges.

Les autres parties du dispositif donnaient pleine satisfaction aux administrateurs du Syndicat.

En ce qui concerne l'Eglise et le presbytère, ce qu'ils voulaient c'était de les conserver à la nouvelle colonie, avec leur affectation spéciale ; mais la garde des clefs et des ornements religieux aurait été pour eux un véritable embarras ; elle revenait tout naturellement aux administrateurs de la commune dont dépendait alors le Raincy.

La mission donnée à l'expert au sujet des routes répondait entièrement à leurs désirs, puisqu'il était chargé de constater non pas seulement l'état *d'entretien*, mais encore, ce qui était le plus important, la nature du *premier établissement*.

Il en était de même des constatations à faire relativement au service des eaux. Il était spécialement tenu d'examiner si l'abreuvoir appartenant à la demoiselle Leclerc faisait partie du système général d'aménagement des eaux du Raincy.

D'aucun côté il n'a été fait appel du jugement du 14 février 1859, qui a ainsi acquis l'autorité de la chose jugée.

§ 3. — *Expertise des routes et des eaux.*

On a vu qu'aussitôt après la dissolution de la Compagnie foncière, la Commission syndicale avait obtenu du président du Tribunal civil de la Seine, à la date du 16 octobre 1859, une ordonnance de référé nommant M. Surville comme expert, avec mission de constater l'état des routes et de faire d'urgence tous les travaux nécessaires, et que, sur l'appel des liquidateurs, la Cour de Paris, par un arrêt du 18 novembre, avait limité les travaux à l'entretien des ouvrages existants, les moyens de fonds réservés.

Le jugement du 14 février a élargi cette mission, et l'a étendue à la constatation des routes, tant sous le rapport de leur *premier établissement* que sous celui de l'*entretien*.

M. Surville, qui avait commencé ses visites de lieux, dès le 7 novembre 1859, les a continuées jusqu'au 24 mai 1860. Son rapport, clos le 10 juin, a été déposé le 12 au greffe du Tribunal civil de première instance de la Seine.

Après un examen et des calculs les plus approfondis, l'expert, admettant comme principe que toutes les routes du parc avaient dû être faites suivant les règles de l'art, a déclaré qu'il y avait lieu de mettre à la charge de la Compagnie une somme de 430.000 francs, savoir :

1º Pour la réfection des routes, la somme de.. fr.　410.000

2º Et pour la réparation des éboulements provenant de vices de construction, celle de............　20.000

Total pour les routes....................　430.000

Il a estimé que, pour assurer le service des eaux, une somme de 72.000 francs était nécessaire, ci........... fr.　72.000

Mais il a reconnu que celle de 9.600 francs tombait à la charge des propriétaires, comme dépenses d'entretien, ci.................................　9.600

Ce qui laissait au compte de la Compagnie la somme de.................................　62.400

En reportant celle qui était relative aux routes....   430.000

M. Surville a évalué le montant total des indemnités
exigibles à la somme de...............................   492.000

Ce rapport de l'expert a été homologué.

§4. — *Jugement d'homologation.*

Le jugement d'homologation rendu par le tribunal civil de
la Seine, le 29 août 1860, est ainsi conçu :

« LE TRIBUNAL : statuant sur la demande principale :

« *En ce qui concerne les routes :*

« Ayant tel égard que de droit au rapport de l'expert, ordonne :

« 1º La reconstruction, sur quinze centimètres, des chaussées
de toutes les routes où cette épaisseur n'a pas été atteinte, ou
n'a pas été dépassée ;

« 2º La reconstruction, sur vingt centimètres d'épaisseur, des
chaussées des routes où cette épaisseur n'a été observée qu'en
partie ;

« 3º Le relèvement à bout des bordures et caniveaux existants ;

« 4º Le règlement des trottoirs, sauf ceux des routes qui n'ont
pas six mètres de largeur ;

« 5º La construction de caniveaux et de bordures sur toutes
les routes où ils manquent, à l'exception de celles qui n'ont
que six mètres de largeur ;

« 6º La construction de nouveaux cassis, conformément au
rapport ;

« Dit que la Compagnie pourvoira, ainsi qu'elle avisera, à
l'écoulement des eaux de l'abreuvoir hors du Raincy ;

« *En ce qui concerne les eaux dites anciennes :*

« Homologue purement et simplement le rapport de l'expert,
y compris la substitution des tuyaux en fonte aux tuyaux en
bois existants ;

« Dit que tous les travaux sus-ordonnés seront exécutés sous
la direction de Surville, expert, avec les procédés et les matériaux indiqués par lui dans son rapport ;

« Dit que les frais des dits travaux seront à la charge de la
Compagnie du Raincy, sauf les sommes indiquées par l'expert
comme devant être payées par les propriétaires ;

« Déclare la fille Leclerc mal fondée en sa demande, la condamne aux dépenses de son intervention ;

« Condamne les liquidateurs de la Compagnie du Raincy, vis-à-vis d'Aigoin et consorts, aux dépens, dans lesquels entreront les frais d'expertise et de référé, et ceux qui ont été réservés par le jugement du 14 février 1860. »

Dans ses considérants, le tribunal avait reconnu que, par suite de la disposition naturelle des lieux et des travaux exécutés par la Compagnie, l'abreuvoir acquis le 21 août 1859 par la demoiselle Leclerc, était destiné à recevoir les eaux provenant des versants du midi et de l'ouest du Raincy ; que la Compagnie était tenue de faire tous les travaux nécessaires pour en assurer l'écoulement hors du domaine, et la demoiselle Leclerc obligée de les subir.

Les conclusions du rapport de l'expert et les condamnations prononcées contre les liquidateurs de la Compagnie foncière, par le tribunal, qui l'avait homologué purement et simplement, dépassaient les espérances des propriétaires syndiqués. Comme ces derniers devaient s'y attendre, MM. Cugnet et Cuenot, nommés liquidateurs, le 2 octobre 1860, en remplacement de MM. Outin, Linard et Laissement, ont interjeté appel du jugement du 29 août 1860. Il en a été de même de la demoiselle Leclerc.

Pendant que l'instance se poursuivait devant la Cour d'appel, les liquidateurs de la Compagnie foncière s'étaient adressés à MM. Alphand, ingénieur en chef, et Darcel, ingénieur ordinaire des Ponts et Chaussées (chargés notamment de la direction des travaux du Bois de Boulogne), pour avoir leur avis sur les questions à juger dans l'affaire du Raincy, relativement à la viabilité des routes. Dans un rapport du 26 janvier 1861, ces ingénieurs, experts officieux, avaient évalué à 140.000 francs la dépense nécessaire pour les remettre en bon état.

De leur côté, les membres de la Commission syndicale avaient demandé à M. Lacroix, agent-voyer en chef du département de Seine-et-Oise, de leur faire connaître les règles observées dans ce département pour la construction des routes d'empierrement ayant un profil semblable à celui employé pour les routes du Raincy. L'avis émis le 10 février 1861, par cet agent, confirmait les conclusions du rapport de l'expert Surville, homologué par le tribunal de première instance.

Ces deux pièces ont été produites à la Cour impériale.

§ 5. — *Arrêt de la Cour Impériale de Paris.*

Par un arrêt du 21 février 1861, la Cour a infirmé le jugement du 29 août 1860, en ce qu'il avait homologué le rapport de l'expert, dans sa partie relative aux eaux anciennes ; elle a sursis à statuer sur les ouvrages destinés à procurer l'écoulement des eaux qui séjourneraient auprès de l'abreuvoir; et elle a déclaré que les propriétaires du Raincy n'avaient aucuns droits sur cet abreuvoir, dont la propriété éventuelle avait été transmise à la Demoiselle Leclerc, par l'adjudication du 21 août 1859.

En ce qui concerne les routes, l'arrêt contient la disposition suivante :

« *Sur les chefs relatifs aux avenues, boulevards et allées,* ordonne, avant faire droit, que par les sieurs Roussel, Fontaine et Nouton, ingénieurs des Ponts-et-Chaussées, que la Cour commet à cet effet, serment par eux préalablement prêté devant le président de cette Chambre, il sera procédé, en présence des parties, ou elles dûment appelées, à la visite des avenues, boulevards et allées du Raincy, à l'effet de constater l'état de ces voies de parcours, au moment où la Société s'est mise en dissolution, tant au point de vue de leur *premier établissement* qu'au point de vue de leur *entretien* par la Société, en tenant compte du défaut d'entretien par les propriétaires, du jour où l'entretien est tombé à leur charge ;

« De reconnaître et de dire si ce premier établissement a eu lieu dans les conditions qu'exigeaient la destination de chacune de ces voies de parcours et l'usage pour lequel elles avaient été créées ; d'indiquer les travaux qui seraient à exécuter pour les mettre en bon état de viabilité, et d'évaluer les dépenses auxquelles ces travaux pourront donner lieu, en tenant compte du défaut d'entretien imputable aux propriétaires ; pour, ledit rapport fait, déposé au greffe de la Cour, et rapporté, être par les parties conclu et par la Cour statué ce qu'il appartiendra. »

§ 6. — *Seconde Expertise.*

Les trois experts nommés par l'arrêt du 21 février 1861 ont déposé leur rapport au greffe de la Cour impériale, le 28 novembre 1861. Leurs conclusions tendaient au payement par les liquidateurs de la Compagnie foncière, d'une indemnité de 152.000 francs.

Le rapport a été homologué par un arrêt de la Cour de Paris du 5 février 1862.

§ 7. — *Arrêt d'Homologation.*

L'arrêt du 5 février 1862 est ainsi conçu :

« La Cour, homologue le rapport des experts déposé le 28 novembre 1861. Donne acte aux liquidateurs de l'offre, par eux faite, de payer à qui de droit la somme de 152.000 francs, fixée par les dits experts. Dit qu'au moyen du versement de la dite somme à la caisse des dépôts et consignations, à défaut par les propriétaires intéressés de s'entendre, dans le délai d'un mois, à partir de ce jour, pour la recevoir et en donner bonne et valable quittance, les liquidateurs de la dite Compagnie seront complètement libérés de leurs obligations relativement à la mise en état des voies de communication du parc du Raincy; fait masse des dépens de première instance et d'appel y compris ceux réservés par l'arrêt du 21 février 1861, pour être supportés, les deux tiers par les liquidateurs de la Compagnie du Raincy, et un tiers par Aigoin et consorts...

« Dit que l'enregistrement du présent arrêt sera à la charge des liquidateurs et que le coût d'icelle sera à la charge de celle des parties qui la rendra nécessaire. »

Cette somme a été versée aux représentants des propriétaires du Raincy.

TROISIÈME ET DERNIÈRE PÉRIODE
Administration judiciaire (1861-1869)

CHAPITRE PREMIER

NOMINATION D'ADMINISTRATEURS JUDICIAIRES

On vient de voir le résultat de l'instance dirigée par la Commission syndicale contre la Compagnie foncière. Tous les propriétaires en ont tiré profit, même ceux qui, au lieu de les aider et de s'unir à eux, se sont jetés à la traverse. Le mauvais vouloir de quelques-uns était à redouter. Sur 700 propriétaires, il devait se rencontrer de mauvais caractères et de mauvais payeurs. Tous n'ont pas compris les avantages d'une administration amiable et gratuite.

Devant l'impossibilité où se trouvait finalement la Commission de faire payer aux récalcitrants la cotisation destinée à pourvoir aux dépenses communes, elle s'est vue dans la nécessité de provoquer elle-même la nomination d'administrateurs judiciaires, nantis du droit de les poursuivre sans contestations possibles.

C'est à cette nécessité qu'a pourvu un jugement rendu, dès le 12 avril 1861, par le Tribunal civil de la Seine, avant la fin de l'instance dirigée par le Syndicat contre la Compagnie foncière.

Voici les termes de ce jugement :

« LE TRIBUNAL nomme Pigny, Guéret et Thiellement, administrateurs judiciaires, à l'effet de :

« 1º Gérer tous les biens qui sont la propriété commune des divers acquéreurs de l'ancien parc du Raincy, veiller à leur conservation, et entretenir notamment les routes, les conduits d'eau, les bâtiments affectés au culte, et généralement tous les

objets mobiliers et immobiliers qui sont d'un usage commun ;
passer à cet effet tous marchés nécessaires, à l'amiable ou par
voie d'adjudication ;

« 2° Vendre tous objets mobiliers devenus inutiles ;

« 3° Toucher toutes sommes, percevoir toutes cotisations ;

« 4° Représenter les propriétaires vis-à-vis des tiers, exercer
toutes actions, en demandant ou en défendant ;

« 5° Nommer tous agents, fixer et payer tous salaires, les
révoquer ; ·

« 6° Poursuivre auprès des administrations compétentes
toutes mesures qu'ils croiraient utiles, et notamment l'érection
du domaine du Raincy en une nouvelle commune ;

« Dit qu'en cas de refus ou empêchement des susnommés,
ils seront remplacés sur simple requête présentée à M. le Président de ce Tribunal ;

« Compense les dépens qui seront employés en frais d'administration. »

Les administrateurs judiciaires ont porté ce jugement à la
connaissance de tous les propriétaires du Raincy, par une circulaire du 9 juin 1861. On y lisait :

« Nous tenons à exprimer combien nous avons été frappés,
en prenant possession de nos fonctions, du retard apporté par
quelques propriétaires dans le payement de la cotisation dont
ils sont tenus, aux termes du cahier des charges en vertu
duquel les adjudications ont eu lieu.

« Cette espèce de résistance passive à la loi du contrat, que
nous ne pouvons nous expliquer, puisque la cotisation a pour
objet l'un des besoins les plus impérieux de la colonie, l'entretien des routes, est contraire à toutes les règles de l'équité, et
ne saurait durer plus longtemps.

« Si le Syndicat élu par la grande majorité des propriétaires,
syndicat qui a donné la preuve du dévouement le plus complet
et le plus désintéressé, a usé jusqu'à ce jour d'une extrême
modération, et n'a pas cru devoir employer de moyens rigou-
reux envers MM. les propriétaires retardataires, la cause en
est toute simple, et, il faut le reconnaître, on ne peut plus
louable ; c'est qu'il lui était pénible, pour obtenir le payement
de sommes généralement peu importantes, de faire supporter à
ces propriétaires des frais relativement considérables. »

Nous croyons devoir faire remarquer que, si la Commission
syndicale était en effet guidée par des sentiments de modération, elle n'était pas, d'un autre côté, suffisamment armée

pour contraindre les récalcitrants. C'est même ce qui l'a décidée à se faire remplacer par des administrateurs judiciaires.

Ce sont ces administrateurs qui ont recouvré le bénéfice de l'instance dirigée par le Syndicat contre la Compagnie foncière, et dont tous les propriétaires ont tiré profit.

Dans une circulaire du 10 avril 1862, les administrateurs judiciaires faisaient ainsi connaître aux intéressés le résultat obtenu :

« Nous croyons vous être agréables, en vous annonçant que l'indemnité de 152.000 francs fixée par l'arrêt de la Cour impériale du 5 février 1862, pour la réparation des routes, boulevards et avenues, a été versée entre nos mains, le 31 mars, et déposée immédiatement au Crédit Foncier de France, en compte courant, pour être employée sous notre surveillance, et conformément aux instructions de MM. les experts, par M. Seilhemer, ingénieur, désigné à cet effet par l'assemblée générale et confirmé par jugement du Tribunal civil de la Seine. »

CHAPITRE II

La nomination d'administrateurs judiciaires semblait devoir mettre fin à l'existence du Syndicat. La vraisemblance était que, désireux de se rendre indispensables et d'assurer leur indépendance, en s'affranchissant de tout contrôle, ils se substitueraient complètement à la Commission syndicale.

Il n'en n'a rien été. Propriétaires eux-mêmes, ils étaient personnellement intéressés à la prospérité du Raincy, que des contestations auraient pu compromettre. Ils ont prouvé d'ailleurs qu'ils étaient sincères dans l'expression des sentiments, pleins de bienveillance et de sympathie, qu'ils avaient manifestés, lors de leur rentrée en fonctions, à l'égard des membres de la Commission. Aussi les a-t-on vus se fusionner, en quelque sorte, avec eux. Plusieurs ont même fait partie du Syndicat.

Ce qui est certain, c'est que, depuis le 12 avril 1861, presque toutes les circulaires destinées à convoquer les propriétaires en assemblées générales, à leur rendre compte des actes d'administration, ou à les consulter sur les mesures à prendre, ont été signées simultanément par les administrateurs judiciaires et par les membres du Syndicat, formant tantôt un groupe unique et tantôt deux groupes distincts.

On voit, dans ces circulaires, que la présidence du Syndicat a été conférée successivement à MM. Guéret, Thiellement et Pigny, administrateurs judiciaires, et à M. Le Comte, membre du Syndicat.

Si une circulaire, datée du 25 mai 1867, n'émanait que des administrateurs judiciaires, MM. Thiellement, Pigny et Granger, cela tenait à ce qu'ils avaient cru devoir *momentanément* cesser de faire partie du Syndicat, à raison d'une difficulté qui s'était élevée entre eux et deux propriétaires, membres de la Commission : mais ils ont pris soin de protester avec énergie contre la pensée qu'on leur avait gratuitement prêtée de vouloir renverser le Syndicat.

« En admettant, disaient-ils, que le Syndicat n'eût point existé lors de notre nomination en qualité d'administrateurs judiciaires, nous vous eussions demandé d'en instituer un ; car, outre que ce Conseil est pour tous une garantie de bonne administration, par la sanction qu'il est appelé à donner à nos actes, il sauvegarde notre responsabilité d'une manière la plus absolue. D'ailleurs, en dehors de la mission que le Conseil syndical a à remplir, et dont il s'est toujours si bien acquitté, pouvons-nous méconnaître les travaux accomplis par plusieurs de ses membres, qui, par leurs connaissances spéciales et leur zèle, ont rendu tant de services à notre colonie ? Or, puisque nous nous sommes dévoués sans réserve à la mission d'être utiles au Raincy, est-il admissible que nous puissions n'être pas heureux de marcher d'accord avec des hommes mus par les mêmes sentiments que ceux qui nous animent ? »

Tout le monde reconnaîtra que cet accord entre des administrateurs revêtus d'un pouvoir judiciaire, et des membres d'un Conseil investi de la confiance des propriétaires, était extrêmement précieux. Il donnait une grande force à l'Administration provisoire du Raincy, la seule qui pût exister jusqu'au jour de son érection en commune. Cette bonne harmonie a puissamment aidé au développement de la colonie naissante.

Grâce à l'administration mixte dont nous venons de parler, et à l'aide d'une cotisation d'un centime et demi par mètre superficiel de terrain, votée chaque année par l'assemblée générale du propriétaire, la situation du Raincy a continué de s'améliorer, depuis le 12 avril 1861 jusqu'au 20 mai 1869 ; de telle sorte que sa mise en commune, demandée dès le 25 octobre 1859, était pleinement justifiée en 1869. Nous allons énumérer sommairement les points principaux sur lesquels portaient ces améliorations :

1º Création d'un bureau de poste spécial, augmentation du nombre des boîtes aux lettres, deux facteurs, deux levées et deux distributions ;

2º Création d'un bureau télégraphique ;

3º Nomination de sept conseillers municipaux pris parmi les habitants du Raincy, et représentant, au Conseil municipal, cette section de la commune de Livry ;

4º Nomination d'un adjoint spécial pour le Raincy ;

5º Création d'une fête annuelle ;

6º Etablissement d'un marché ;

7° Obtention d'une indemnité de 10.000 francs, pour le passage, dans le Raincy, des eaux de la Dhuys ;

8° Agrandissement de la gare du chemin de fer et augmentation du nombre des trains ;

9° Organisation du service religieux, embellissement de l'église catholique et affectation d'une salle des Maisons russes au culte protestant ;

10° Etablissement de plaques indicatives du nom des voies publiques et numérotage des maisons ;

11° Augmentation du nombre des bornes-fontaines, agrandissement du réservoir et remplacement du tuyotage ;

12° Amélioration de l'éclairage des voies publiques ;

13° Suppression de l'abreuvoir et son remplacement par un égout en pierre meulière, avec regards garnis de fonte ;

14° Achat d'une carrière de sable ;

15° Elargissement des caniveaux de certains boulevards et avenues ;

16° Plantations d'arbres sur les ronds-points et quelques boulevards ;

17° Pose de nombreux bancs sur les voies publiques :

18° Distribution, au profit des indigents, de médicaments et de secours pécuniaires, et création d'un bureau de bienfaisance ;

19° Création et organisation d'Ecoles communales pour garçons et filles, et d'une salle d'asile pour les petits enfants ;

20° Achat d'un terrain destiné à l'établissement d'un cimetière.

Il est résulté de toutes ces améliorations, rapidement réalisées, qu'un parc encore inhabité en 1854, mais doté, quinze ans plus tard, de tous les éléments nécessaires aux besoins d'une ville, a pu être érigé en commune, par un décret du 20 mai 1869, et en chef-lieu de canton, par une loi du 7 avril 1882. La population, limitée à 782 habitants, lors du recensement officieux fait par le Syndicat des propriétaires, en 1859, s'était élevée au chiffre de 7.129, en 1901, d'après le dernier recensement officiel.

Si l'on excepte quelques cités industrielles et ouvrières, on a peu d'exemples d'une transformation aussi rapide.

FIN.

ANNEXES

—

I. — *Décret du 22 janvier 1852, qui restitue au Domaine de
l'État les biens meubles et immeubles qui sont l'objet de la
donation faite, le 7 août 1830, par le Roi Louis-Philippe.*

Le Président de la République,

Considérant que, sans vouloir porter atteinte au droit de propriété
dans la personne des princes de la famille d'Orléans, le Président de la
République ne justifierait pas la confiance du Peuple français s'il per-
mettait que des biens qui doivent appartenir à la Nation soient soustraits
au domaine de l'État :

Considérant que, d'après l'ancien droit public de la France, maintenu
par le décret du 21 septembre 1790 et par la loi du 8 novembre 1814,
tous les biens qui appartenaient aux princes, lors de leur avènement au
trône, étaient de plein droit et à l'instant même réunis au domaine de la
couronne ;

Qu'ainsi le décret du 21 septembre 1790, de même que la loi du 8 novembre 1814, portait :

« Les biens particuliers du prince qui parvient au trône, et ceux qu'il
« avait pendant son règne, à quelque titre que ce soit, sont de plein droit
« et à l'instant même unis au domaine de la Nation, et l'effet de cette
« union est perpétuel et irrévocable » ;

Que la consécration de ce principe remonte à des époques fort reculées
de la monarchie ; qu'on peut, entre autres, citer l'exemple de Henri IV :
ce prince ayant voulu empêcher, par des lettres patentes du 15 avril 1590,
la réunion de ses biens au domaine de la couronne, le Parlement de Paris
refusa d'enregistrer ces lettres patentes, aux termes d'un arrêt du 15 juillet 1591, et Henri IV, applaudissant plus tard à cette fermeté, rendit, au
mois de juillet 1601, un édit qui révoquait ses premières lettres patentes;

Considérant que cette règle fondamentale de la monarchie a été appli-
quée sous les règnes de Louis XVIII et de Charles X, et reproduite dans
la loi du 15 janvier 1825 ;

Qu'aucun acte législatif ne l'avait révoquée le 7 août 1830, lorsque
Louis-Philippe a accepté la couronne ; qu'ainsi, par le fait seul de cette

acceptation, tous les biens qu'il possédait à cette époque sont devenus la propriété incommutable de l'Etat ;

Considérant que la donation universelle sous réserve d'usufruit, consentie par Louis-Philippe au profit de ses enfants, à l'exclusion de l'aîné de ses fils, le 7 août 1830, le jour même où la royauté lui avait été déférée, et avant son acceptation, qui eut lieu le 9 du même mois, a eu uniquement pour but d'empêcher la réunion au domaine de l'Etat des biens considérables possédés par le prince appelé au trône ;

Que, plus tard, lorsqu'il fût connu, cet acte souleva la conscience publique ;

Que, si l'annulation n'en fût pas prononcée, c'est qu'il n'existait pas, comme sous l'ancienne monarchie, une autorité compétente pour réprimer la violation des principes du droit public, dont la garde était anciennement confiée aux Parlements ;

Qu'en se réservant l'usufruit des biens compris dans la donation, Louis-Philippe ne se dépouillait de rien et voulait seulement assurer à sa famille un patrimoine devenu celui de l'Etat ;

Que la donation elle-même, non moins que l'exclusion du fils aîné, dans la prévoyance de l'avènement au trône de ce fils, était, de la part du roi Louis-Philippe, la reconnaissance la plus formelle de cette règle fondamentale, puisqu'il fallait tant de précautions pour l'éluder ;

Qu'on exciperait vainement de ce que l'union au domaine public des biens du prince ne devait résulter que de l'acceptation de la couronne par celui-ci, et de ce que, cette acceptation n'ayant eu lieu que le 9 août, la donation, consentie le 7 du même mois, avait dû produire son effet ;

Considérant qu'à cette dernière date Louis-Philippe n'était plus une personne privée, puisque les deux Chambres l'avaient déclaré roi des Français, sous la seule condition de prêter serment à la Charte ;

Que, par suite de cette acceptation, il était roi dès le 7 août, puisque ce jour-là la volonté nationale s'était manifestée par l'organe des deux Chambres, et que la fraude à une loi d'ordre public n'existe pas moins lorsqu'elle est concertée en vue d'un fait certain qui doit immédiatement se réaliser ;

Considérant que les biens compris dans la donation du 7 août se trouvant irrévocablement incorporés au domaine de l'Etat, n'ont pu en être distraits par les dispositions de l'article 22 de la loi du 2 mars 1832 ;

Que ce serait, contrairement à tous les principes, attribuer un effet rétroactif à cette loi, que de lui faire valider un acte radicalement nul d'après la législation existante à l'époque où cet acte a été consommé ;

Que, d'ailleurs, cette loi, dictée dans un intérêt privé par les entraînements d'une politique de circonstance, ne saurait prévaloir contre les droits permanents de l'Etat et les règles immuables du droit public ;

Considérant, en outre, que, les droits de l'Etat ainsi revendiqués, il reste encore à la famille d'Orléans plus de cent millions avec lesquels elle peut soutenir son rang à l'étranger :

Considérant aussi qu'il est convenable de continuer l'allocation annuelle de trois cent mille francs portée au budget pour le douaire de la duchesse d'Orléans.

Décrète :

Article premier. — Les biens meubles et immeubles qui sont l'objet de la donation faite, le 7 août 1830, par le roi Louis-Philippe, sont restitués au domaine de l'Etat.

Art. 2. — L'Etat demeure chargé du payement des dettes de la liste civile du dernier règne.

Art. 3. — Le douaire de trois cent mille francs, alloué à la duchesse d'Orléans, est maintenu.

Art. 4. — Les biens faisant retour à l'Etat, en vertu de l'article premier, seront vendus en partie, à la diligence de l'Administration des domaines, pour le produit en être réparti ainsi qu'il suit :

Art. 5. — Dix millions sont alloués aux sociétés de secours mutuels autorisées par la loi du 15 juillet 1850.

Art. 6. — Dix millions seront employés à améliorer les logements des ouvriers dans les grandes villes manufacturières.

Art. 7. — Dix millions seront affectés à l'établissement d'institutions de crédit foncier dans les départements qui réclameront cette mesure en se soumettant aux conditions jugées nécessaires.

Art. 8. — Cinq millions serviront à établir une caisse de retraite au profit des desservants les plus pauvres.

Art. 9. — Le surplus des biens énoncés dans l'article 1er sera réuni à la dotation de la Légion d'honneur, pour le revenu en être affecté aux destinations suivantes, sauf, en cas d'insuffisance, à y être pourvu par le ressources du budget.

Art. 10. — Tous les officiers, sous-officiers et soldats de terre et de mer en activité de service, qui seront à l'avenir nommés ou promus dans l'ordre national de la Légion d'honneur, recevront, selon leur grade dans la Légion, l'allocation annuelle suivante :

Les légionnaires (comme par le passé) .... Fr.	250
Les officiers	300
Les commandeurs	1.000
Les grands officiers	2.000
Les grand-croix	3.000

Art. 11. — Il est créé une médaille militaire donnant droit à 100 francs de rente viagère, en faveur des soldats et sous-officiers de l'armée de terre et de mer placés dans les conditions qui seront fixées par un règlement ultérieur.

Art. 12. — Un château national servira de maison d'éducation aux filles ou orphelines indigentes des familles dont les chefs auraient obtenu cette médaille.

Art. 13. — Le château de Saverne sera restauré et achevé, pour servir d'asile aux veuves des hauts fonctionnaires civils et militaires morts au service de l'Etat.

Art. 14. — En considération des présentes, le président de la République renonce à toute réclamation au sujet des confiscations prononcées en 1814 et 1815, contre la famille Bonaparte.

ART. 15. — Les ministres sont chargés, chacun en ce qui le concerne, de l'exécution du présent décret.

Fait au Palais des Tuileries, le 22 janvier 1852.

Signé : LOUIS NAPOLÉON.

Par le Président de la République :

Le Ministre d'Etat,
Signé : A. DE CASABIANCA.

(*Bulletin des lois*, 481, n° 3541.)

II. — *Division primitive du Parc du Raincy.*

1 Ilôt de l'Allée de Villemonble	29	lots
2 — des Bois des Brulis	39	—
3 — des Bois de Chelles	39	—
4 — des Bois de Gagny	40	—
5 — des Bois du Chenil	32	—
6 — des Bois de la Tour	39	—
7 — des Bois de Montfermeil	23	—
8 — des Bosquets	8	—
9 — des Brulis	27	—
10 — du Château	16	—
11 — du Château d'eau	24	—
12 — du Chenil	22	—
13 — des Coteaux	38	—
14 — des Coudriers	30	—
15 — des Ecuries anglaises	31	—
16 — de l'Eglise	21	—
17 — de l'Ermitage	12	—
18 — de la Ferme	20	—
19 — de la Fontaine	28	—
20 — de la Forêt	21	—
21 — des Fougères	22	—
22 — de la Gare	22	—
23 — des Hêtres	29	—
24 — des Jardins	6	—
25 — des Lierres	49	—
26 — de Livry	8	—

A reporter .... 675 lots

		Report	675 lots
27	Ilôt des Maisons russes..	20	—
28	— du Manège....................................	28	—
29	— du Martelet..................................	31	—
30	— de Montfermeil...............................	25	—
31	— de l'Orangerie...............................	27	—
32	— des Ormes.................................	44	—
33	— du Pavillon Berthier.........................	20	—
34	— de la Pelouse..............................	2	—
35	— du Petit Parc..............................	15	—
36	— des Peupliers..............................	31	—
37	— de la Plaine..............................	36	—
38	— de la Plâtrière............................	16	—
39	— du Pont.................................	18	—
40	— de la Porte de Livry.........................	43	—
41	— du Réservoir..............................	42	—
42	— de la Rivière.............................	17	—
43	— du Rocher................................	31	—
44	— du Rond Point.............................	12	—
45	— de la Station.............................	16	—
46	— des Sycomores.............................	32	—
47	— des Taillis...............................	20	—
48	— des Tilleuls..............................	40	—
49	— des Tirés de Vincennes.......................	17	—
50	— de la Tour...............................	20	—
51	— du Village...............................	19	—
52	— de Villemonble............................	13	—

TOTAL DES LOTS...... 1310 lots

III. — *Liste des propriétaires ayant fait partie de la Commission syndicale, du 17 juillet 1859 au 20 mai 1869.*

MM.
Aigoin (Louis).
Berger.
Bertheville.
Bertin-Guyot.
Besnard père.
Besnard fils.
Beurrier.
Blanchard.
Blanjot.

MM.
Braconnot.
Caen.
Caire.
Chailly.
Champreux.
Chipard.
Commerson.
Degoet.
Denis.

MM.	MM.
Desjardins-de-Morainville.	Morel.
Doré.	Mort (père).
Dufailly.	Nissou.
Dumas.	Not.
Eusmenger.	Passot.
Fanost.	Pédarieu.
Fège.	Peyre.
Fauquerolle.	Pigny.
Granger.	Renard.
Guéret.	Seilhemer.
Jallade.	Soulier.
Kratzeisen.	Thibault.
Le Comte (Eugène).	Thiellement.
Leusenger.	Vautrin.
Maillard.	Viard.
Martougen.	Vidal.

I.V. — *Décret du 20 mai 1869, qui crée la commune du Raincy.*

ARTICLE PREMIER. — Le territoire de la section du Raincy lavé en rose sur le plan ci-annexé est distrait, savoir : la partie cotée n° 1, de la commune de Livry, canton de Gonesse, arrondissement de Pontoise, département de Seine-et-Oise ; celle cotée n° 2, de la commune de Clichy-sous-Bois ; celle cotée n° 3, de la commune de Gagny, même canton. Ce territoire formera, à l'avenir, une commune distincte, qui prendra le nom de *commune du Raincy.*

ART. 2. — Les limites entre la commune du Raincy et les communes de Clichy, Livry et Gagny sont établies conformément au tracé du liseré en noir sur ledit plan.

ART. 3. — La commune du Raincy prendra à sa charge une portion des dettes contractées par la commune de Livry, laquelle est réglée aux neuf vingt-quatrièmes des dettes payables à partir du 1er janvier 1870.

ART. 4. — Les dispositions qui précèdent auront lieu sans préjudice des droits d'usage ou autres qui peuvent être respectivement acquis.

(Bulletin des lois, 1712, n° 16.944.)

V. — *Loi du 7 avril 1882, qui détache du canton de Gonesse les communes du Raincy, de Livry, Vaujours, Coubron, Clichy-sous-Bois, Montfermeil, Gagny, Neuilly-sur-Marne, Gournay et Noisy-le-Grand, pour en former un nouveau canton, dont le chef-lieu est le Raincy.*

ARTICLE PREMIER. — Les communes du Raincy, de Livry, Vaujours, Coubron, Clichy-sous-Bois, Montfermeil, Gagny, Neuilly-sur-Marne, Gournay et Noisy-le-Grand sont détachées du canton de Gonesse, et forment un nouveau canton, dont le chef-lieu est le Raincy.

ART. 2. — Les notaires de l'ancien canton de Gonesse auront le droit d'exercer leurs fonctions dans la circonscription des deux cantons.

(*Bulletin des lois*, 703, n° 11.966.)

TABLE

—

FIN

POITIERS

IMPRIMERIE BLAIS ET ROY

7, rue Victor-Hugo, 7